眞鍋の兵法

日本女子バレーは復活する

Japanese women's volleyball is back

眞鍋政義

Masayoshi Manabe

文藝春秋

眞鍋の兵法

日本女子バレーは復活する

目次

プロローグ
OVERTAKE　世界を越えよう
2023年9月パリ五輪予選／ワールドカップバレー2023　8

第1章　メダルの重み
2012年ロンドン五輪銅／2016年リオ五輪5位

「五つの世界一を作れ！」松平康隆さんの教え　14
「勝負強さ」とは何か　江畑幸子の場合　20
目に見えない力〝13番目の選手〟　24
データバレーの真実　28
女子チームのマネジメントに数字が必要な理由　33
バレーでも機械学習は可能か？　38
燃え尽き症候群だった木村沙織　42
新戦術「MB1」「ハイブリッド6」を考案した理由　45
セッターを失った日本　リオ五輪の蹉跌　53
メダルを獲るにはプロリーグが必要　56

女子バレーをマイナースポーツにしないために　2021年東京五輪10位　65

第2章　逆境からの出発　2021年10月日本代表監督再就任

For Paris 2024　72
「チーム眞鍋」再結集　80
カリスマ監督から集団指導体制へ　84
キャプテンは古賀紗理那の一択だった　89
井上愛里沙を復帰に導いたひと言　95
バレーボールはメンタルのスポーツだ　98
シンデレラガールを探せ!　104
女子バレー人気アップ作戦　107
ロンドン五輪メンバーを「アントラージュ」に　111

第3章　復活の狼煙　ネーションズリーグ2022/2022世界選手権

オリンピック出場権獲得のためのシナリオ　116

スタートダッシュに成功！ 119
替えがきかない選手、林琴奈 122
世界のトップにあって、日本にないもの 124
思い通りにならないから人生は楽しい——読書から学んだこと 129
ポニーテールで覚醒した石川真佑 135
日本の新兵器「マッハ」と「ジェット」 143
世界の壁を打ち破るために 150

第4章 パリへの道

2023年5月ネーションズリーグ2023

オリンピック予選イヤーの幕開け 158
サーブ強化の「タスクフォース」を結成 161
新戦力の台頭 166
コンビ問題勃発 174
セッターに求められる五つの力 181
起死回生　和田由紀子の大ブレイク 188
日の丸の重み 192
チームワークとは何か 197

第5章 日はまた昇る　2023年9月パリ五輪予選

ジグソーパズルの完成　208
残された課題　211
人事を尽くして天命を待つ　217
破竹の快進撃　224
明暗を分けた1点　233
運命の一戦　239
「世界と戦う」を日常にする　246
パリへの秘策　251

エピローグ
One team One dream　一心一夢　2024年7月パリへ　256
バレーボール女子日本代表　2022-23試合結果　258

2023パリ五輪予選、バレーボール女子日本代表メンバー
後列左から山田二千華、入澤まい、宮部藍梨、石川真佑、和田由紀子、林琴奈、古賀紗理那
前列左から田中瑞稀、松井珠己、渡邊彩、井上愛里沙、福留慧美、西村弥菜美、関菜々巳

NISSAN
NISSAN
NISSAN
NISSAN
NISSAN
NISSAN
17
21
9
JPN

プロローグ
OVERTAKE　世界を越えよう

２０２３年９月　パリ五輪予選
ワールドカップバレー２０２３

ブラジルのエース、ガビの目つきが変わった。自分に向かって何かを語りかけている。言葉は聞き取れないが、おそらく「絶対に勝つ！」「私が決める！」といったことを言っているのだろう。

「ガビ」ことガブリエラ・ギマラエス。身長は１８０cmで細身。体格は日本人選手とそう変わらない。トルコのメリッサ・バルガスのように見た目からしてパワフルという選手ではない。しかし、筋肉の質がいいのだろう。瞬発力は男子選手並み。バネを活かした滞空時間の長いジャンプから、ぐるりと大きく肩を回す独特のフォームでスパイクを打ち込んでくる。

コートサイドで見ていると、ボールを叩く音が違う。パッカーンとボールが破裂するような音が鳴り響く。球速も桁違いだ。腕のスイング動作に目が行くが、体幹が相当強くないと、ああいうボールは打てない。

ベテランのタイーザをはじめ、ブラジルには優れた選手が何人もいるが、最後はやはりガビだ。ここぞという場面ではセッターも必ずガビに上げる。データからも、これまでの経験からもそれは分かっている。「ガビが来るぞ！」「ガビだ！」。コートの選手たちに声をかける。

夏の合宿中、仮想ブラジル、仮想ガビの男子選手たちを相手に、対策は徹底的にやってきた。実際、試合の序盤は選手たちもうまく対応していた。第1セットは21－25で落としてしまったが、第2セットは25－22で奪い返し、セットカウントは1－1。

第3セットは一進一退。お互いにサイドアウトを繰り返す展開となったが、石川真佑のインナースパイクが決まり、20－19。20点にはわれわれが先に到達した。

問題はここからだ。20点以降の競った場面、緊張感はいやが上にも高まる。そこで集中力を高め、サーブで攻めていけるか。それが世界との差だ。そのため今年は「OVERTAKE」(世界を越えよう)をテーマに掲げ、サーブに特化したタスクフォース（プロジェクトチーム）を立ち上げ、徹底的に強化してきた。

林琴奈のレフトからのスパイクで21－20。21点目を先に取ったとき、日本がセットを取る確率は90％以上に高まる。それがこれまでのデータだ。しかし、この状況ではどちらに流れが行ってもおかしくない。

石川が渾身のジャンプサーブを打ち込む。しかし、ブラジルは崩された状態からでもガビに上げてくる。われわれも粘り強くボールをつなぎ、石川、林、古賀紗理那のスパイクで応戦する。

山田二千華《にちか》のサーブがエースとなり、23－21。タスクフォースにより山田のサーブは本当に上達した。今大会、彼女のサーブに何度も救われてきた。

たまらずブラジルのジョゼ（・ギマラエス監督）がタイムアウトを要求する。若い頃、元男子日本代表監督の松平康隆さんからバレーを学んだことがあり、日本のことをよく知る名将である。これまで何度も戦ってきて、お互い手の内は分かっている。

ガビは試合前、「間違いなくタフな一戦になる。忍耐の勝負です。私のバレー人生の１００％をかけなければいけない」と語っていたそうだ。ここからはまさに忍耐の勝負だ。

林が得意のライトから決めて24－22。セットポイントを摑んだ。しかし、そこからのガビの集中力は凄まじかった。分かっていても止められない。連続ポイントを取られ、24－24。デュースに持ち込まれてしまった。ゾーンに入ったガビに導かれ、ブラジルはギアを一段も二段も上げていた。

過去20年間で見ると、対戦成績は5勝52敗。分が悪いのは事実。しかし、けっして勝てない相手ではない。いや、勝たなければパリへの切符は手に入らない。実際、去年（２０２２年）の世界選手権でもブラジルと当たり、第１次ラウンドでは勝っている。

高さ、パワーでは劣るかもしれないが、それを補うスピード、サーブ、ディフェンスを磨き上げてきた。練習量は間違いなく世界一。「東洋の魔女」以来の伝統だ。

ここまで来ると、技術、戦術を超えたプラスアルファの力が必要になってくる。国際試合、とくにオリンピックをかけた試合では、そのわずかな差が勝負を決める。選手、監督、スタッフも含めて、どちらのチームが勝利への執念を強く持っているのか。「勝ちたい」ではなく「勝つ」。それが〝目に見えない力〟を呼び起こす。

オリンピックに出るのにふさわしいのは、われわれかブラジルか――。

パリオリンピックの出場権をかけた「パリ五輪予選／ワールドカップバレー2023」最終戦。日本女子バレーの真価が試されるときが来た。

第1章 メダルの重み

2012年ロンドン五輪銅メダル
2016年リオデジャネイロ五輪5位
2021年東京五輪10位

「五つの世界一を作れ！」松平康隆さんの教え

私が最初に日本代表の監督に就任したのは２００９年のことだ。アテネオリンピック、北京オリンピックでチームを率いた柳本晶一監督からバトンを受け取った。まったくの偶然だが、柳本さんは大阪商大附属高校（現・大阪商業大学高校）、実業団の新日鐵（現・日本製鉄堺ブレイザーズ）の大先輩にあたる。ポジションも同じセッター。何か縁のようなものがあるのかもしれない。

日本の女子バレーには栄光の歴史がある。大松博文監督に率いられた「東洋の魔女」は回転レシーブを武器に、１９６４年の東京オリンピックで金メダルを獲得。続くメキシコシティ、ミュンヘンでは銀メダルに輝き、１９７６年のモントリオールで再び金メダルを獲った。世界選手権は１９６２年、67年、74年に金メダル、ワールドカップでも77年に優勝している。60年代から70年代は、まさに黄金期だった。

しかし、その後、日本のバレーは各国から徹底的に研究され、高さとパワーで勝る世界を相手に結果を残せなくなった。そして、２０００年のシドニーではとうとう最終予選で敗退。オリンピックに出場できず、栄光の歴史は途切れることになった。その敗戦の責任を負わされ、メディアから批判されたのがセッターの竹下佳江だった。

混乱と低迷の時代から、日本を復活させたのが柳本さん。いちどはバレーをやめた竹下を代表に復帰させる一方、大山加奈、栗原恵、木村沙織、荒木絵里香らの若手を起用。チームを活性化させ、みごと最終予選を勝ち抜き、２００４年アテネ、２００８年北京に連続して出場した。

柳本さんが退任したあと、日本バレーボール協会が女子日本代表の監督を公募すると聞き、私は自ら手を挙げた。一番の理由は、日本バレーに再び栄光を取り戻したいという思いだ。私自身、長くバレーボール界に身を置き、現役時代は代表でもプレーした。日の丸には人一倍の思い入れがある。

１９９６年のアトランタオリンピックの予選。あのときのことはいまも忘れない。国立代々木競技場第一体育館で行われたアジア予選で韓国に負け、アトランタ行きの切符を逃した。続く世界最終予選でも敗退。政治的な問題から出場を辞退したモスクワ大会を除き、日本男子は初めてオリンピックに出場できないという憂き目を見た。それ以来、３大会連続で予選で敗退するという長い低迷の時代に入ってしまった。

あのときのメンバーは、みんなその負い目を感じながら、その後のバレー人生を送ったと思う。とくにメンバーの中で最年長だった私は、重い責任を感じてきた。だからこそ、私は人一倍オリンピックと日の丸への思いが強いのだろう。

２００８年の北京。日本男子は新日鐵時代の後輩、植田辰哉に率いられ、ついにオリンピックの舞台に帰ってきた。うれしさと同時に、ようやくアトランタの呪縛から解放される思いがした。

その頃、Ｖリーグの久光製薬スプリングス（現・久光スプリングス）の監督を務めていた私は、女子バレーの解説者として現地に入った。柳本監督率いる日本女子は予選ラウンドを突破し、決勝トーナメントに進出。しかし、準々決勝でブラジルと当たり敗退した。女子バレーの監督として悔しさは感じたが、その時点ではまさか自分が次の代表監督になるなどとは考えてもみなかった。

自分の中にくすぶる思いがあることに気づいたのは、帰国して柳本さんが退任されるという話を聞いたときだ。急に心の中に強い感情が沸き上がってきた。もういちど日の丸をつけてオリンピックに挑戦したい――。

アトランタの予選で感じた重圧と失意。そして日の丸への思い。もしあのときオリンピックに出られていたら、私が代表監督の選考に手を挙げることはなかったと思う。代表監督をやってみたいと思ったもうひとつの理由は、久光製薬での経験から日本の女子バレーに可能性を感じていたからだ。高さ、パワー、スピードがものを言う男子バレーでは、日本がメダルを獲るのはきわめて難しい（当時の男子は女子よりも低迷していた）。しかし、女子ならば可能性があると思ったのだ。

代表監督に内定すると、すぐに日本バレーボール協会の名誉会長・松平康隆さんから呼び出された。

松平さんは日本のみならず、世界でもその名を知られるバレーボール界の名士である。１９６４年の東京オリンピックでは男子日本代表のコーチとして銅メダル獲得に貢献。その後、監督に就任すると、メキシコシティで銀、ミュンヘンで金メダルを獲得した。速攻、移動攻撃、時間差攻撃など、現在も世界中で用いられている基本的な戦術を作り上げたという意味でも、偉大な指導者である。

松平さんが手腕を発揮したのは、コートの中だけではなかった。当時、国交のなかった東ドイツを日本に招待して試合を行うなど、巧みな交渉力も発揮。そうやって強豪国のデータを収集し、情報戦にも力を入れていた。現在の〝データバレー〟の元祖のような人である。

その後は日本バレーボール協会の会長として、ワールドカップの日本での固定開催や、Vリーグの立ち上げなど、大きな仕事をいくつも成し遂げた。南米でもバレーの指導、普及に尽力するなど、世界のバレー界の発展にも多大な貢献をした。

いわば日本バレー界のレジェンド。その松平さんからお呼びがかかったのである。緊張しながら訪ねていくと、いきなりこう言われた。

「眞鍋、おまえ日本代表の監督として何を目標にしているんだ？」

「ロンドンでメダルを獲ろうと思っています」

私がそう答えると、松平さんは大声で「ふざけるな！」と怒鳴った。

「そんな簡単にメダルなんて獲れるわけがないだろう！」

松平さんは当時すでに78歳だったが、かくしゃくとして意気軒昂。勝負師らしい鋭い目で私を見据えた。

いま考えると、当時の私の考えは甘かった。日本女子がオリンピックでメダルを獲ったのは、１９８４年ロサンゼルスの銅が最後だ。そのあとは世界選手権、ワールドカップを含め、主要な世界大会ではいちどもメダルを獲っていない。いきなり「メダル」と言っても現実味がなかった。

ただ、松平さんは私を怒るために呼んだわけではなかった。肩を落とす私を励ますように、松平さんはにやりと笑い、具体的な策を授けてくれた。

「眞鍋なあ、バレーボールという競技で日本人が勝つには、非常識を常識にするしかないんだ。日本人は世界に比べて身長が低い。これは厳然とした事実だ。だから、高さに代わる独自の武器を持たなきゃ勝てない。もし、おまえが本気でメダルを獲ろうと思うなら、五つの世界一を作る必要がある。分かるか？」

「五つの世界一ですか……」

私は考え込んだ。北京オリンピックの試合は解説者として現地で観ていた。もちろんデータもつぶさに分析した。しかし、日本に世界一の要素があるとは思えない。私が困っていると、松平さんは言った。

「眞鍋、おまえはもうすでに２・５持ってるんだよ」

「えっ!?　２・５ですか？」

「ひとつはセッターだ。竹下佳江は世界一のセッターだろう。そしてエース木村沙織のサーブもすでに世界一。リベロの佐野優子はまだ世界で見ると３～５番ぐらいだろう。だから０・５だ」

なるほど。言われてみれば、日本はすでに世界一の選手を擁していたのだ。

「ただ、２・５じゃメダルには届かない。残りの２・５はな、眞鍋、おまえが考えろ。それができれば、ロンドンでメダルを獲れるかもしれないぞ」

松平さんに言われて、目から鱗が落ちた。メダルを獲る監督の思考法とはそういうものなのか——。

非常識を常識にする。

五つの世界一を持つ。

ロンドンオリンピックまでの３年半、私が為すべきこと、進むべき道が明確になった。それから半年間、私はどうやって世界一を増やすかを考え続けた。

まずは過去のデータを精査し、スパイクの「決定率」よりも「効果率」を重視するという方針を立てた。何本打って何本決まったかを表す「決定率」よりも、ミスや被ブロックの少なさも加味した「効果率」のほうが、勝敗に与える影響が大きいことが分かってきたからだ。

そして、「サーブ」「サーブレシーブ」「ディグ（スパイクレシーブ）」「失点を少なくする」という四つの分野で、チームとして世界一を目指すという目標を掲げた。セッターとリベロを加えて、六つで世界一を目指せば、松平さんが言う五つは達成できるはず——それが私の目論見だった。

松平さんとお会いした日のことは、いまも忘れられない。その3年後、２０１１年に松平さんは81歳で亡くなった。翌年、われわれはロンドンオリンピックで28年ぶりの銅メダルを手にすることになる。メダルを見せることはかなわなかったが、松平さんの貴重な教えは、私の中に深く刻み込まれている。

「勝負強さ」とは何か　江畑幸子の場合

私はもともと野球少年だったのだが、中学校で背の高さを買われてバレーボールを始めた。最初はスパイカーだったが、高校でセッターに転向。それ以来、41歳で引退するまで、ずっとセッターとしてプレーしてきた。

セッターにはまずボールを巧みにハンドリングする技術が求められるが、それ以上に大切なのが観察力、洞察力だ。自分のチームはもちろんのこと、相手チームも含めて、各スパイカーがどういう性格で、どんな特徴を持っているのか、今日の調子はどうなのかを、たえず観察しなければならない。

それを何十年も続けてきたせいか、選手を見ていると、勝負強いか弱いかがすぐに分かる。同じレベルの能力を持っていても、競っている試合や、20点以降の緊迫した場面で活躍できる選手と、プレッシャーに押しつぶされてしまう選手がいる。順風のときは活躍するけれども、逆境になると力を発揮できない。いわゆる悲劇のヒロインタイプ。そういう選手を厳しい状況で使うと、肝心なセットを落とし、試合に負けてしまう。

一方、なぜか重要な局面になるほど活躍する選手がいる。日頃はなかなかサーブが入らないのに、後半の勝負所になるとサービスエースを連発する。あるいは、普段はほとんどレシーブをしないのに、試合が佳境に入ると、やけにその選手のところにボールが集まり、ばんばんレシーブを上げる。どうしてそんなことが起きるのかは、私にも分からない。でも、重要な試合になればなるほど活躍する選手がいるのである。

だから、私は合宿でも練習ゲームをなるべくたくさんやって、勝負強い選手を探すようにしている。私が他の監督より優れているところがあるとすれば、そうした選手を見極める目にあるんじゃないかと思う。

50年近いバレーボール人生のなかで、何人かの勝負強い選手に巡り会ってきた。中でも一番分かりやすかったのが江畑幸子だ。江畑は当時Vチャンレンジリーグ所属の日立リヴァーレ（現・日立Astemoリヴァーレ）の選手で、まわりからは「本当に選出していいのか？」という声も多数あった。しかし、そんなことはどこ吹く風。２０１０年の世界選手権から２０１２年のロンドンオリンピックまでの江畑は乗りに乗っていた。

そのときの世界選手権でわれわれは銅メダルを獲得した。世界選手権でのメダルは32年ぶり。日本で開催されたこともあり、テレビや新聞でも大きく報道された。その快挙に大きく貢献したのが江畑だ。

とくに予選ラウンドのトルコ戦では、チームトップの24得点を叩き出す活躍を見せた。その日は11月7日。彼女の誕生日だったのである。おそらく「今日は私の日だ！」と思ってコートに入ったのだろう。

２０１１年のワールドカップでも、江畑はエースとして活躍してくれた。ワールドカップは毎回日本で開催され、夜7時から9時まで地上波ゴールデンタイムで生放送される。普段はバレーボールを見ない一般の人たちにも試合を見てもらえるまたとないチャンス。これを江畑が逃すはずがない。ミスター・プロ野球、長嶋茂雄さんは注目されればされるほど力を発揮したが、江畑もそういうタイプの選手なのだ。

気になって、テレビ放送がある試合とない試合で、江畑のスパイク決定率、効果率を比べてみたことがある。すると、あからさまにテレビ放送がある試合の数字が高かったのだ。まったく分かりやすいにもほどがある。

やはり長嶋茂雄さんと同時代に、巨人のリリーフエースとして活躍した宮田征典《ゆきのり》さんは、いつも8時半頃にマウンドに上がったことから「8時半の男」と呼ばれていた。それにちなんで、私は密かに江畑のことを「ゴールデンタイムの女」と呼んでいた（笑）。

江畑は私によくこう言ってきた。

「眞鍋さん、私は褒められたら伸びるタイプですからね」

自分で言う人間も珍しいが、自身の性格がよく分かっていたのだろう。私は試合前、江畑を乗せるために、よくこう声をかけた。

「江畑、今日もおまえの時間が来たな」

「やっぱり私ですよね！」

明るく笑ってコートに入り、見事に大車輪の活躍を見せるのである。もちろん江畑が完璧な選手だったというわけじゃない。ミスや失敗もたくさんした。悪い日もあった。でも、勝負所では必ず決めてくれる。そして、トータルで見ると、チームの誰よりも活躍している。監督としてこれほど頼もしい選手はいない。

オリンピックは世界中の人が注目するスポーツの祭典だ。でも、江畑はプレッシャーなどものともせず、ロンドンで予想通り、いや、それ以上のプレーを見せてくれた。準々決勝、ベスト4をかけた運命の中国戦。江畑は木村沙織と並ぶ33得点を稼ぎ出し、勝利の原動力となった。

オリンピックのようなプレッシャーのかかる舞台、とくに決勝トーナメントの一発勝負になると、江畑のように勝負強い選手の存在が欠かせない。彼女のチームへの貢献度は計り知れないものがあった。

それにもかかわらず、銅メダルをかけた3位決定戦で、私は江畑をスターティングメンバーから外した。「勝負強さ」は重要だ。ただ、メダルをかけた究極の戦いになると、さらにプラスアルファの何かが必要になる。その力を発動するカギは迫田さおりにある――それが私の判断だった。

目に見えない力〝13番目の選手〟

ロンドンオリンピックの3位決定戦、なぜ私は江畑幸子ではなく迫田さおりを選んだのか。ひとつは相性である。対戦相手は韓国。過去3年間のデータを見ると、迫田は韓国戦での数字が抜群によかったのだ。

もうひとつはデータには表れない〝目に見えない力〟である。人と人のつながり、友情、団結力……言葉で表現するのは難しいのだが、チームスポーツでは〝目に見えない力〟が思わぬ結果を呼び込むことがある。いつも都合よく発揮できるものではない。特別な舞台で、さまざまな偶然と人の思いが重なったときに、そういう力が生まれる。ある種の奇跡と言ってもいい。

バレーボールの国際大会では、通常14名の選手を登録することができる。ところがオリンピックは12名しか登録できない。最終予選を戦ったメンバーから、少なくとも2名を外さざるをえないのである。

過去のデータや、合宿中の調子、勝負強さ。あらゆる角度から選手を見直し、私は断腸の思いで、石田瑞穂を外すことにした。オリンピック開幕1カ月前のことである。

彼女とはそれまで3年半、合宿と遠征を重ね、いくつもの厳しい試合を戦い抜き、ともに苦労してきた。石田は練習に来るのが誰よりも早く、進んで雑用もやってくれた。性格的にもみんなから好かれていた。その選手を私は最後に外したのだ。

竹下佳江をはじめ、何人もの選手が「瑞穂といっしょにオリンピックへ行きたい」と言ってきた。私は率直に苦しい胸のうちを明かした。

「俺だってそうなんや。でも、しょうがないだろう。12名というルールがあるんだから」

メンバー発表の直後は石田本人もかなり落ち込んでいた。それでも、仲間から「いっしょに行こうよ！」と言われ、〝13番目の選手〟としてチームに帯同してくれることになった。これまで同様、メンバーといっしょに練習し、ロンドンにも行く。ただ、試合ではベンチに入れないから、観客席でチームを応援することになる。チームの一員ではあっても、試合には出られない。心の中には葛藤もあっただろう。それでも、彼女は〝13番目の選手〟というポジションを引き受けてくれた。そして、これは偶然なのだが、彼女は背番号も「13」だった。

直前合宿のスイス。石田は荷物運びや洗濯を自ら引き受けてくれた。ロンドンにもいっしょに移動したが、登録外の選手はオリンピック村に入れないため、スタッフやコーチとともに一般のホテルに宿泊することになった。メンバーと別れるとき、彼女は一人ひとりに手紙を書き、手作りのお守りを手渡していた。

予選ラウンドのプールAに入ったわれわれは、7月28日にアルジェリアと初戦を戦うことになっていた。その前日、石田のもとに、日本にいるお兄さんから電話がかかってきた。病気で入院中だった母親が危篤に陥ったというのだ。悩みに悩んだ末、彼女は帰国することを決め、深夜3時、私の部屋を訪ねてきた。

石田は目を真っ赤にしていた。彼女の心のうちを考えると、かける言葉が見あたらない。私は一言、「瑞穂、おまえの気持ちはロンドンに置いていってくれ」と話した。そして、彼女のユニフォームを預かった。

翌朝、私は選手たちに石田が帰国したことを伝えた。中には泣いている選手もいた。「瑞穂のためにも勝つ」。ミーティングが終わったとき、メンバー、スタッフ全員の心がひとつになるのを感じた。

3年半、ありとあらゆる準備を重ね、ベストメンバーを選んだ自信はある。しかし、オリンピックを戦うには、あとひとつ、何かが足りない気がしていた。ジグソーパズルの最後の1ピース。それが思わぬ形ではまることになった。

試合会場に入ると、われわれは13番のユニフォームをベンチに飾った。石田とともに戦うという決意表明である。試合開始前、選手たちはそのユニフォームを触ってからコートに入った。勝利のあとは、13番のユニフォームといっしょに記念写真を撮った。そうやってわれわれは決勝トーナメントに進んだのである。

準々決勝で中国を破り、さらにベスト4へと進んだ。準決勝はブラジルに負けたが、銅メダルをかけて3位決定戦を戦うことになった。相手は韓国である。

大きな試合になればなるほど、プラスアルファの何かが必要になる。メンバーの中でも、石田への思いが一際強かったのが、同学年で親友の迫田だった。「迫田の石田への気持ちが目に見えない力を生み出すんじゃないか？」。韓国戦で私が迫田を選んだ理由はそこにあった。

スターティングメンバーを決める前、私はコーチ、スタッフ全員に意見を聞くようにしている。オリンピックの最後の試合。勝てば銅メダルである。コーチ陣は好調の江畑を推した。

「いや、俺は迫田でいきたいと思っている」と話すと、「江畑がよくなかったら途中で迫田に替えればいいでしょう」という意見が大半だった。その場では「そうかなあ。ちょっと考えるわ」と言ったが、心の中では絶対に迫田だと決めていた。

ミーティングの席を外すと、そこに偶然、迫田が通りかかった。「明日の韓国戦、親友のユニフォームを着て戦えるか」。私が思わず言うと、迫田は間髪をいれず「はい！」と答えた。迫田は自分のユニフォームの下にもう一枚、あの13番のユニフォームを着て試合に臨んだのである。

私の予感は的中した。その試合、迫田はそれまでの3年半で最高のスパイク効果率を記録した。勝利を決めた最後のスパイクも迫田だった。ちょうど迫田が前衛に来るローテーションになり、トスも迫田に上がった。偶然と言えば偶然だが、目に見えない力が働いていたとしか思えない。

逆に言えば、みんなの思い、偶然、目に見えない力……ありとあらゆるものを結集しないと、メダルは獲れないということだ。「そんな簡単にメダルなんて獲れるわけがないだろう！」。銅メダルを手にしたとき、あらためて松平さんの言葉が心に響いた。

データバレーの真実

ロンドンオリンピックのとき、私が試合中にiＰａｄでデータを見ながら指揮する姿が注目され、最新のＩＴを駆使するＩＤバレーの先駆者のように言われた。

しかし、実際の私はアナログ人間である。ノートやスケジュール帳はいまでも手書きだ。パソコンは現役時代の終わりに大学院に通ったときに使い始めたが、キータッチは〝ワンフィンガー〟だ。エクセルの使い方などもよく分からず、いつもまわりの若い学生に訊いていた。

そんな根っからのアナログ人間である私がなぜiＰａｄを使い始めたのか？　きっかけは、アナリストの渡辺啓太から「こういうものが出たんですよ」と教えられたことだった。２０１０年の世界選手権の前だったから、まだiＰａｄが発売されて間もない頃だ。

もともとバレーボールの現場では、１９８０年代からコンピュータを使ったデータの統計・解析が行われていた。それが一気に進化したのは、イタリアのデータプロジエクト社が「データバレー」というソフトウェアを開発してからだ。試合中、アナリストが選手の背番号とプレーの種類、ボールのコース、プレーの成功、失敗などをパソコンに入力していく。するとデータが自動で処理され、スパイク決定率やサーブ効果率といった選手個人の統計から、チームとしてのスパイクやサーブの傾向、ローテーション別の攻撃パターンなどが瞬時に出てくる。

それまでは監督やコーチが経験をもとに選手の調子を判断したり、相手チームの戦術を見抜いたりしていた。それがデータバレーを使えば、試合中にリアルタイムの数字やグラフを見ながら、客観的な判断ができるようになったのである。

このソフトを使ったイタリアの男子代表チームは、90年代に世界選手権を３連覇した。「その秘密はデータバレーにある」ということで、このソフトが一躍脚光を浴びることになった。

２０００年代には日本もデータバレーを駆使するようになり、代表チームにもアナリストが帯同するようになった。２００８年の北京オリンピックでは男女24チームのうち、20チームが採用していたから、もはや世界標準ソフト。使うのは当たりまえで、われわれ監督、コーチの興味は、どう使いこなすかに移っていた。

データバレーが使われ始めた最初の頃は、観客席にいるアナリストがデータを紙にプリントアウトして、ベンチに情報を伝えていた。しかし、これだとデータをしっかり検討する余裕がなく、たえず変わる試合の流れにも対応しにくい。

そこで、アメリカンフットボールなどで使われているインカムを試してみたことがある。目はコートに向けたまま、耳でアナリストの分析を聞くという作戦だ。ところが、これはうまくいかなかった。バレーボールでは会場を盛り上げるために大音量で音楽がかかり、観客の拍手や声援もひっきりなしに続く。その音に遮られて、アナリストの声が途切れ途切れにしか聞こえないのだ。何度も聞き返すのはストレスで、試合に集中できないので諦めた。

その後、通信環境も整い、アナリストからのデータが即座に反映されるようになったので、ベンチにパソコンを持ち込み、直接データを見ていた時期もある。ただ、監督は基本的にはコートサイドにいる。データを見るためにベンチに戻っている間に試合が進んでしまう。その頃、ちょうど老眼が始まり、細かい文字が見えにくいという問題もあった。

そんなときに登場したのがｉＰａｄだったのである。これは画期的だった。性能的にはパソコンとなんら変わらない。それでいてＢ５ほどのコンパクトなサイズなので、手に持ったままコートサイドでデータを見られる。表示される文字の大きさも簡単に拡大できる。「これはいいぞ」と思い、以来ｉＰａｄが手放せなくなった。

ただ、最近は以前に比べると、試合中にｉＰａｄを見る時間は減った。やはり画面を見ていると、試合への集中力が落ちるからだ。

そもそも私は数字が好きなわけじゃない。それでもデータを重視するのは、ひとえに勝つためである。データは冷酷なまでに選手の調子を表す。たとえば、試合中、スパイク効果率が下がり始めると止まらない選手がいる。一方で、いちど効果率が下がっても途中で立て直し、V字回復するタイプの選手もいる。長年統計を取り続けた結果、そこまで分かるようになってきたのだ。

私も選手だったから、途中交代させられる選手の無念さはよく分かる。それでも数字から目を背けるわけにはいかない。数字が悪くなれば、たとえエースであっても替える。その方針はずっと貫いている。

いまわれわれが使っているデータの項目はだいたい60個ぐらいある。スパイク決定率、スパイク効果率、サーブレシーブ成功率、ブロックタッチの数など、項目ごとに「これぐらいの数字を目指そう」という目標設定も決まっている。

さまざまな数字の中で一番重要なのは、もちろん得点数だ。25点取ればセットが与えられ、先に3セットを取ったほうが勝つ。これは大前提。

その次に重要なのが「スパイク効果率」だ。女子日本代表が世界を相手に戦う場合、スパイク効果率が相手を上回ると、セットを取れる確率が85～90％になる。

スパイクには「決定率」と「効果率」があって、10本のスパイクを打って5本決まったら、決定率は50％になる。それに対して、「効果率」は決まらなかった5本の内容も見る。スパイクがアウトになったり、ブロックでシャットアウトされたりすると「失点」扱いになる。一方で、スパイクが相手にレシーブされても、相手を崩せば効果があったと見なされる。たとえば、決まらなかった5本のうち「失点」が0なら、「得点5－失点0」を打数10で割って、効果率＝50％ということになる。

スパイカーがミスをして失点すると、この数字が下がっていく。スパイカーの調子が悪かったり、相手に徹底的にマークされた場合、スパイク効果率がマイナスになることもある。その場合、その選手がスパイクを打てば打つほど、相手に点数が入っていくことになる。だから、われわれは試合中、効果率を常にチェックしているのだ。

私が最初に女子日本代表監督を務めていた２００９～16年はチームのスパイク効果率が、なかなか30％の壁を超えられなかった。ところが、今回、監督に復帰した年の秋に行われた世界選手権（２０２２年）では、初めてチームで30％を超えた。それがブラジル戦の勝利、ベスト8という結果につながったのだと思う。

それについてはまたあとで述べるが、伝統的に日本チームの特徴は粘り強いレシーブにある。レシーブ数が多いということは、それだけスパイクの本数も多くなる。打数が多くなれば、それだけミスも増えてしまうのだが、スパイクの失敗を1セットあたり4本までに抑えられたら、そのセットは日本が取るというデータがある。逆に4本を超えると、世界の強豪国には勝てない。

非常に明快なデータだったので、ロンドンの前、選手たちに「なんとか4本までに抑えよう」と伝えたことがある。すると、竹下佳江がこう返してきた。

「じゃあ、ミスが5本になったら、もうそのセットは諦めるということですか？」

竹下は常にデータを疑ってかかる癖があった。野球の野村克也監督も本に書いていたが、一流選手になればなるほど数字を疑うものなのだ。それだけ自分の頭で考えているということなのだが、監督としては扱いにくいことこの上ない（苦笑）。「おまえは天の邪鬼もいいところやなあ。逆転があるかも分からないだろう。それがスポーツの醍醐味やないか」と言って、なんとか納得させた。

女子チームのマネジメントに数字が必要な理由

私が数字を重視するようになったのは、勝つため以外に、もうひとつ理由がある。それは女子選手をマネジメントするためである。

男子バレーで育ってきた私が、最初に女子選手と接するようになったのは２００５年、Ｖリーグの久光製薬スプリングスの監督に就任したときだ。私は自他ともに認めるポジティブ思考の人間。男女の違いがあるといっても、ネットの高さが違うだけで（男子は２４３㎝、女子は２２４㎝）、ルールは同じ。コートの大きさも変わらない。女子チームを率いることに不安は抱いていなかった。

「元日本代表で、セリエＡでもプレーした眞鍋さんが新監督としてやって来る」。きっと選手たちは楽しみにしてくれているはずだ。私は張り切って最初のミーティングに臨んだ。

挨拶もそこそこに、世界の最新の戦術や、これから久光製薬をどんなチームにしていきたいかなど、10分ほど熱っぽく語った。みんな感銘を受け、尊敬の眼差しで私のほうを見ている……と思いきや、ほとんどの選手がきょとんとした顔をしている。

「どう思う？」「分かるか？」と問いかけても、誰も答えない。男子選手とはまったく反応が違う。男子の場合、私が最初に在籍した新日鐵では、けんか腰の議論がしょっちゅうあった。旭化成でもパナソニックでも、選手たちは自分の意見をぶつけてきた。ところが、女子はまったく勝手が違う。

Vリーグでプレーする女子選手は、中学、高校をバレー名門校で過ごし、厳しいカリスマ監督たちの指導を受けてきた者がほとんどだ。監督の指示は絶対。口答えは許されない。そのため、自分の意見を表に出すよりも、監督の顔色をうかがう癖がついてしまっている。よく言えば素直なのだが、積極性に欠ける面もある。

では、新しくやって来た監督の言うことにすぐ従うかというと、けっしてそんなことはない。「どんな監督なんだろう」と様子を見る。そして、監督が自分の方針を押しつけようものなら、「女子バレーを分かってない」と反発する。

男同士ならけんかをしても、そのあといっしょにサウナに入って、酒でも飲めばわだかまりはなくなる。ところが、女子の場合、いったん反感を持たれると、選手が対監督でまとまってしまうこともある。

男子だろうが女子だろうが同じバレーボール。そう思っていたのは大間違いだった。

さっそく女子チームの監督をしていた知人に相談したところ、「上から一方的に話すのではなく、一人ひとりと個別に対話したほうがいい」というアドバイスをもらった。そこで各選手と個別に面談をすることにしたのだが、またもや問題が起きた。

練習を始めてから3日目。ある選手と面談したら、こんなことを言われた。「眞鍋さんは今日私に10分指導してくれましたけど、同じポジションのあの選手とは昨日20分ぐらい練習してましたよね」。前日の練習では強打のレシーブが苦手な選手に、私が自らスパイクを打って特訓したのである。それが「監督はあの選手だけ特別扱いしている」と見られたのだ。

チームスポーツとはいえ、選手の間にはライバル意識がある。とくに同じポジションを争う選手同士ならなおさらだ。ライバルへの嫉妬心をプラスのエネルギーに変えられれば、チーム力のアップにつながる。しかし、一歩間違えると負の感情が伝染し、チームが崩壊してしまう。

私はえこひいきをしたつもりはない。でも、選手がそう受けとめてしまえば同じことだ。もちろん男子にも嫉妬心はあるが、ある選手を特訓したからといって、それをえこひいきと取られることはない。ところが女子チームの場合、微妙な感情が働くのである。「これはえらいところに来てしまった」と思った。

その後はとにかく全選手を公平に扱うことを心がけた。練習のときだけでなく、ミーティングや声かけにも気を配った。しかし、男社会で育ってきた私には、女性の心理というものがよく分からない。

たとえば、女性が髪型を変えたら、さりげなく褒めるのが大事だとアドバイスされたが、そもそも私は髪型が変わったことに気づかないのである。ばっさり切ったりすればさすがに分かるが、ちょっと色を変えたとか、微妙に前髪をいじったぐらいの変化だとさっぱりだ。長年セッターをやってきたから人間観察には自信があったのだが、女性のこととなるとからっきしダメである（苦笑）。

そこでマネージャーの宮﨑さとみに頼んで、選手が髪型を変えたら教えてもらうことにした。それで「お、なかなか似合うやん」と言えば、「監督は私のことを気にかけてくれているんだ」と思って、選手の気分も上がる。女子の場合、そういう些細な気遣いの積み重ねが、チームの雰囲気をよくするために大事なのである。

女子チームの監督には公平性が求められる。それは分かった。しかし、私が公平に接しているつもりでも、選手が不公平を感じているということもある。とくに試合での選手起用については不満が生じやすい。

誰もが納得できる客観的な基準を示せないものか……と悩んでいたとき、ふと思いついたのが〝数字〟だった。

女子バレーでは、だいたい練習の最後にゲームをすることが多い。そのデータもパソコンに入力し、翌朝、監督がチェックしてから次の練習に臨む。その数字を見ているとき、パッとひらめいた。このデータを毎日大きな紙に書き出して、体育館の壁に貼り出す。そして、「数字のいい選手をレギュラーとして使う」と宣言するのだ。

それまではデータを見るのは基本的に監督やコーチ陣のみだった。それを選手全員に公開すれば、個々のパフォーマンス、調子の良し悪しが一目瞭然となり、起用の基準も明確に示すことができるというわけだ。

実際にやってみると、最初のうちは不評だった。自分の数字がよくないと、居心地が悪いと言うのだ。しかし、そうなればしめたもの。「だったら、数字がよくなるようにがんばればいいやないか」と叱咤激励できる。

数字を公開するようになってからしばらくすると、選手たちの練習への取り組みが変わってきた。一本一本のスパイク、サーブ、レシーブを大切にするようになり、練習の質が高まったのだ。

副産物がもうひとつあった。選手たちが数字の見方、意味に興味を持つようになったのだ。たとえば、いままでスパイク決定率だけを気にしていた選手が、効果率にも興味を持つようになった。決定率がよくても効果率が悪いということは、ミスも多いということ。その原因はどこにあるのか？　改善するためにはどうしたらいいのか？　選手自身が問題意識を持ち、コーチに相談するようになった。コーチは映像を見せながら改善点を指摘し、練習方法を工夫する。その積み重ねで個々のパフォーマンスが上がり、バレーへの理解も深まる。

つまり、公平性を担保するために採り入れた〝数字〟が、チーム力の底上げにもつながったのである。数字を壁に貼り出す方式は、現在の日本代表でも続けている。

とはいえ、数字は万能ではない。試合の流れを変えるレシーブ、チームを勢いづけるブロック、ムードを盛り上げる掛け声など、数字には表れないが、勝敗に大きな影響を与える要素もある。監督は絶えずそういう点にも目を配らなければいけない。

また、ときには数字を出さないほうがいいケースもある。ロンドンオリンピックの前、レシーブ強化のため、毎日レシーブの数字を発表していたときのことだ。ある朝、壁に貼り出す前に確認したら、正セッターの竹下佳江より控えの中道瞳の数字のほうがよかった。二人ともレシーブがうまい選手。普段なら切磋琢磨を促せばいい。しかし、いまはオリンピック前の大切な時期。竹下と中道が無闇に張り合ったら、チームがまとまらなくなる。この数字を発表するのはまずい……。

「公平性が大事と言いながら、不公平じゃないか」と思われるかもしれない。ただ、数字を発表するのは、もともとチーム内の競争意識を適切にコントロールするためだ。〝数字〟にはいい面もあれば、悪い面もある。もう時効だろうから告白するが、後にも先にも意図的に数字を発表しなかったのは、そのときだけだ。

バレーでも機械学習は可能か？

昨今、将棋の世界ではＡＩによる機械学習が話題になっているが、じつはわれわれも機械学習を採り入れてみたことがある。リオデジャネイロオリンピックの前、2015年のことだから、かなり先進的な取り組みだったのではないだろうか。

先にも話したように、データバレーというソフトそのものは、世界中で同じものを使っている。ただ使うだけでは差は出ない。試合を見ながらデータを入力するアナリストの腕と、どういうデータにスポットライトを当てるかで違いが出てくる。

リオの前、われわれが注目したのがセッターのトスである。バレーボールの攻撃を司るのはセッター。相手のセッターがどこにトスを上げるのかが予測できれば、ブロックに跳びやすくなる。

長年、日本の弱点はブロックだと言われ続けてきた。世界の強豪に比べて平均身長が低いのだから、仕方ない面はある。かといって、手をこまねいているわけにはいかない。

そこで私が考えたのが〝割り切りブロック〟だった。コートの幅9メートルを3分割し、エリアのひとつを捨て、残り二つのエリアにブロックを集中させるという作戦だ。たとえ背が低くても、エリアを限定して2枚で思い切り跳べば、シャットアウトできる可能性が出てくる。少なくともスパイクのコースを限定して、後ろのレシーバーを助けることができる。

私はロンドンの前から、ずっと「割り切れ！」と言い続けていたのだが、どうしても女子選手は割り切れないのである。「レフトだ！」と言っても、「ライトもあるかもしれない」という不安が頭をよぎり、一瞬判断が遅れる。世界を相手にした場合、そのコンマ数秒で勝負が決まる。五分五分で構えていては、まず止められない。80％でもだめ。１００％でレフトに行かなければいけない。そして、２枚でガバッとかぶせる。それぐらいの思い切りが必要なのだ。

「失敗してもいい」「一カ所ノーマークになってもかまわない」と何度も話した。そのための練習もしている。それでも、試合になると割り切れないのである。これは不思議でしょうがない。子どもの頃から監督に怒られ続け、「失敗してはいけない」という意識を刷り込まれているせいだろうか？　大人になり、日本代表にまでなっても、失敗を恐れ、挑戦を避ける傾向がある。

私がいくら口を酸っぱくして言ってもだめ。それならデータで傾向をはっきり示したらいいんじゃないだろうか？　そう考えて、アナリストに相談し、機械学習のプログラムを作ってもらったのである。

セッター一人ひとりに注目し、得点差などの状況に応じたトス回しのデータを大量に集め、コンピュータに学習させたのだ。それをもとに、「このセッターはこの場面ではどこにトスを上げるか」を予測させた。

すると、おもしろいことに、ベテランのセッターほど機械学習の予測がよく当たった。7～8割当たることもあり、「おお、これはいけるな！」となった。

その頃、イタリアにエレオノーラ・ロビアンコというベテランのセッターがいた。

試合中、彼女は何度も私のほうを見てきた。私がiPadを見てブロックの指示を出しているることに気づいたのだ。たとえば、ミドルブロッカーに「次はAクイックが多いぞ」といった指示を出す。もちろんロビアンコには日本語が分からない。ただ、何度も同じ言葉を使ったらバレてしまう。そこで、こちらも工夫して、「レフトはないぞ。ないぞやからな」と言ったりする。ロビアンコも「レフト」は聞き取れるから、レフトを避ける。そうなればしめたもの。コンピュータによる予測に加え、そういった駆け引きもしていたのである。

ロビアンコのようなベテランセッターで、データの蓄積がある場合、機械学習の効果は高かった。ところが、当たらないときはさっぱり当たらない。とくに若いセッターが出てくると、まったくだめだった。機械に学習させるデータが少ない上に、若いセッターは深く考えず、感覚だけでトスを上げることがあるからだ。

得点差とローテーション。サーブをどこに打つか。レシーブがAパスかBパスか。そういった状況に応じて、セッターの選択はかなり変わる。また、ナショナルチームの場合、そもそも試合数が少なく、データがなかなか溜まらないという問題もあった。

リオオリンピックまで1年半試してみたのだが、最終的には機械学習は完成度が低いということで、やめることになった。ただ、セッター出身の私としては、非常におもしろい試みだと感じていた。今後、ＡＩの技術がさらに進めば、再び可能性が出てくるかもしれない。

燃え尽き症候群だった木村沙織

ロンドンオリンピックで銅メダルを獲得し、目標は達成した。関係者はもとより、一般の方からも「感動した」「勇気をもらった」という声をいただいた。東日本大震災から1年半。暗いニュースの多かった日本に、久しぶりに明るい話題を提供できたのではないかと思う。

それを花道に退任することも考えていたのだが、日本バレーボール協会の中野泰三郎会長からは、「次のリオまで続投してほしい」と言われた。銅メダルを獲ってしまった以上、「次は銀、いや金メダルを」と周囲は期待する。この状況で新たに監督を引き受ける人はいないと言うのだ。

もし私が断れば、せっかく盛り上がった日本女子バレー復活の機運が消えてしまうかもしれない……。悩みに悩んだ末、リオまで代表監督を続ける決心をした。

しかし、その4年間は次から次へと問題が発生。ロンドンまでの4年間とは打って変わって、苦しいチーム運営を強いられた。

最初に直面したのが、ロンドン戦士たちの燃え尽き症候群だった。ロンドンのメンバーはメダルを獲るため、ひたすらバレーだけに集中してきた。4年間、ひとつの目標のために人生のすべてを捧げたのである。その反動は大きかった。

とくにエースの木村沙織は完全にバーンアウトしていた。ロンドン前からトルコリーグのワクフバンクへの移籍が決まっており、オリンピックが終わるとすぐにトルコへ旅立った。傍から見ると、新しい挑戦に乗り出したように映ったかもしれない。ただ、心の中はすでに燃え尽き、トルコで1シーズン戦ったら引退するつもりだったようだ。

しかし、リオで再びメダルを獲るには、木村沙織の存在は欠かせない。私は彼女を説得するためトルコに飛んだ。真冬のイスタンブール。寒風が吹く中、ステーキハウスの前で2時間ほど待っただろうか。練習を終えてやって来た彼女と、食事をしながら話し合うことになった。

開口一番、木村は言った。「眞鍋さん、私はもうバレーをやめます」。当時まだ26歳。引退するには早すぎるが、気持ちは分からないでもなかった。

高校時代から日本代表に選ばれ、たえずスポットライトを浴びながら、アテネ、北京、ロンドンと3回のオリンピックを戦ってきた。その間、エースとしてプレッシャーにさらされ、怪我や痛みに耐える日々。それが報われ、銅メダルを獲得。世界トッププレベルのトルコリーグへの移籍も実現した。実際、木村はトルコでも大活躍し、ワクフバンクはその年、トルコリーグで三冠を達成するのである。

プレーの面で絶頂期を迎えていたのは間違いない。だが内面は疲れきっていた。ちょっとやそっとのことでは彼女の心は変えられない。あと4年間やってもらうためには新しいモチベーションが必要だろう――そう思っていた私はあるカードを用意していた。それは日本代表のキャプテンである。

しかし、引退すると言っている選手に、「日本代表のキャプテン」のオファーだ。ギャップがあまりに大きい。その差を縮めるために、イスタンブールに滞在中、何回も話し合った。「これからはキャプテンとして、新しい木村沙織を見せてほしい」。繰り返し説得したが、彼女の決心は固かった。「私はもうバレーをやめるんです」の一点張り。

それでも私は諦めなかった。日本に帰ってからもＬＩＮＥでメッセージを送り、説得を続けた。すると、１カ月半後、木村のほうから唐突に「やります」という返信が来た。たった一言である。バレーをやるのか、日本代表をやるのか、キャプテンをやるのか？　すぐに電話をしたら、「日本代表のキャプテンをやりますと言ってくれた。「そうかあ！　やってくれるか」。心の中でガッツポーズである。

小さい頃からずっとバレーボールをやってきて、日本代表になって、いろんな賞ももらった。でも、考えてみたら、いままで一回もキャプテンをやったことがなかった。私から何度も「キャプテンをやってくれ」と言われて、「じゃあ一回やってみようかな」という気持ちになったと言うのだ。

新生日本代表のキャプテンは木村沙織。これでようやくチームの軸ができた。次に取り組んだのが新戦術である。

新戦術「ＭＢ１」「ハイブリッド６」を考案した理由

ロンドンで銅メダルを獲ってしまった以上、リオではさらに高い目標を設定せざるをえない。協会から直接言われたわけではないのだが、選手・スタッフのモチベーションを上げるためにも、私は目標を「世界一」「金メダル」に置いた。実現困難なことは承知の上で、マスコミの前でもそう公言した。

世界のトップと日本の間には、高さの面で大きな差がある。バレーボールという競技では致命的なそのハンデを乗り越え、日本が金メダルを獲得するにはどうすればいいのか？　私はあらためて日本バレーの歴史を振り返ってみることにした。

日本がオリンピックで金メダルを獲ったのは過去３回。一度目は１９６４年東京大会の女子。大松博文監督と東洋の魔女が「回転レシーブ」という新しい技を編み出し、当時最強のソ連を倒した。

二度目は72年ミュンヘン大会の男子。松平康隆監督が、おとり役のアタッカーにフェイントでジャンプをさせる「時間差攻撃」で世界を圧倒した。

三度目は76年モントリオール大会の女子。山田重雄監督が、長身アタッカー白井貴子とセッター松田紀子とのコンビによる速攻「ひかり攻撃」を使って金を勝ち取った（ネーミングの由来は当時最速だった新幹線「ひかり」）。

つまり3回とも、新しい戦術を編み出して世界を出し抜いたのである。その後、世界も日本のバレーを研究し、それらの新戦術を当たりまえに使うようになると、日本の優位は失われた。

日本が停滞する一方、世界ではその後もオリンピックのたびに新戦術が登場してきた。それらはすべて男子バレーから生まれている。

76年モントリオールでは、金メダルを獲ったポーランドのトマシュ・ボイトビッチという選手が、世界で初めてバックアタックを打った。中学生だった私は「後ろからアタックしたぞ！　すごいな！」と興奮。部活の仲間と語り合ったのを覚えている。

84年のロサンゼルスでは、アメリカのダグ・ビル監督が「サーブレシーブ2人制」と「リードブロック」という二つの新戦術を一遍に投入した。

92年のバルセロナでは、鉄壁だったリードブロックを、ブラジルが超高速バレーとパイプ（中央からのバックアタック）を使って打ち砕いた。

96年アトランタは、オランダのガリバー軍団。身長2メートル級の大型選手を揃え、高さで金メダルをもぎ取った。

2000年のシドニーでは、リベロが初めて正式に採用された。

オリンピックでの画期的な新戦術はそれが最後。細かい進化や工夫はあるが、20年以上、新しい戦術は発明されていない。

では、女子バレーのほうはどうかというと、男子で発明された新戦術を、数年遅れで採り入れるという流れが続いてきた。その結果、いまではパイプ攻撃も、ジャンプサーブも女子で普通に見られるようになった。しかし、男子同様、目新しい戦術は出ていない。

こと戦術に限って言えば、バレーボールの進化は止まっているのだ。

そうした状況を踏まえ、日本がいまいちど金メダルに挑戦するなら、オリジナルの新しい戦術を考えなければいけない――私はそう結論づけた。

そこでトライしたのが「ＭＢ１」。ミドルブロッカーを１枚にするという新戦術だった。

現代バレーのメンバー構成は、セッターが１人、オポジット（セッター対角のアタッカー）が１人、アウトサイドヒッターが２人、ミドルブロッカーが２人、そこにケースバイケースでリベロが入るというのが一般的だ。しかし、バレーの歴史を遡ってみると、セッターが２人いた時代などもある。そこで「必ずしも現在の常識にこだわらなくてもいいのではないか？」と考えた。

先にも述べたように、日本の弱点はブロックにある。世界の強豪に比べてブロック成功率が低い上に、ミドルブロッカーの攻撃力もいまひとつ。ミドルブロッカー２人による得点はよくて１試合２、３点だ。それに対して、世界の一流は普通に７、８点は取る。この違いは大きい。であれば、無理にミドルブロッカーを２人入れる必要はないのではないか？　いわば逆転の発想である。

マスコミや関係者の中には、「そんな戦術は無理に決まっている」と冷ややかに見る向きもあった。だが、その批判は前提条件を無視したものだ。

もし私が中国やアメリカ、ブラジルなどの監督だったなら、新戦術は採り入れない。もっとオーソドックスな戦術で戦うだろう。だが、背の低い日本が金メダルを目標にするのであれば、何か新しいことに挑戦しなければならない。それは歴史が証明している。だから、無理を承知で取り組んだのである。

新しいことを始めれば、とかく世間の批判を受けるもの。それを乗り越えてチャレンジしてこそ成功を手にすることができる。60〜70年代の日本は常識を覆す戦術でイノベーションを起こし、世界と渡り合っていた。われわれにも不可能ではないはずだ。

セッターというポジション柄、私は昔からバレーの戦術を研究するのが好きだった。趣味と言ってもいいぐらいだ。そして、現役のときから常識にとらわれず、新しいことにチャレンジしてきた。

たとえば、セッターのポジショニング。セッターは通常、コートの右端から3メートルの位置に立ち、レフトのほうを向いてトスを上げる。アタッカーには右利きが多く、レフトからのオープン攻撃が基本になるからだ。しかし、そうしなければいけない決まりはない。

そこで反対に、左端から3メートルの位置で、ライトを向くという形を試したことがある。当時、私が所属していた新日鐵にはライト側からの攻撃を得意としている選手がいたのと、相手を惑わす意味でも効果的だと思ったからだ。3週間ほど実験し、練習試合でも試してみたが、結果的には断念した。

やる前は、逆を向くだけだから問題ないと思っていたのだが、ポジションにつくまでの足の運びも、トスを上げるときの視野も違うため、違和感が凄まじかった。アタッカーも「いつもとトスの長さが変わるので打ちにくい」と言う。子どもの頃から体に染みついた感覚を変えるのは、こんなにも難しいのかと悟った。

結局、この新戦術は日の目を見なかったが、新しいことにチャレンジしてみたいという気持ちはその頃からずっと持ち続けてきた。MB1を思いついたのも、その延長線上と言える。

結論から言うと、MB1はあまりうまく機能しなかった。まる1年を新戦術の習得に充てられれば違ったかもしれないが、代表チームの活動期間は1年の半分だけ。昔は日紡貝塚（後のユニチカ）や日立のように代表の母体となるチームがあり、リーグ期間中も代表メンバーがいっしょに練習できたが、いまは各チームからばらばらにメンバーが集まってくる。代表の活動期間中は国際大会もあるため、新戦術をチームに浸透させるには時間が足りなかった。

ただ、「ミドルブロッカーは2人」という常識を覆そうとしたチャレンジには意味があったと思っている。ミドルブロッカーの選手が危機感を持ち、「もっと点数を取らなきゃ」というマインドに切り替わったからだ。

攻撃だけじゃない。レシーブの意識改革にもつながった。これまでミドルブロッカーというと、レシーブをする回数が少ないため、レシーブ力を向上させようという意識が希薄だった。「1セット1、2回しかレシーブをしないのだから、あまり練習しなくていい」と考えるのか、「2回しかないんだから、その少ないチャンスに最高のボールを上げられるように練習しよう」と考えるのか。それによって練習の質がまったく変わる。その部分に関してはわれわれ監督・コーチ陣も考えをあらためた。

そういった変化を踏まえて、2年目の2014年には「MB1」の進化形として、「ハイブリッド6」という新戦術を打ち出した。これはある意味では「MB0」にあたる。従来のミドルブロッカー、アウトサイドヒッターといったポジションの固定観念から離れて、誰もがいろんなポジションの役割を担う。いわばコートにいる6人の選手全員がアタッカーであり、ミドルブロッカーでもある。名付けて「ハイブリッド(混成)6」というわけだ。器用な選手が多い日本人には向いている戦術のように思えた。

それと組み合わせて取り組んだのが「シンクロ攻撃」だ。この戦術を思いついたのは、そのものずばりシンクロナイズドスイミング(アーティスティックスイミング)がきっかけだった。ナショナルトレーニングセンターで合宿中、井村雅代さんが率いる日本代表の練習を見学させてもらう機会があり、最初は上から、次にプールの横から水中の動きを見た。すると、水面に出たときだけでなく、水中でも8人の手足の動きが、ぴったり揃っている。まさに〝シンクロ(同期)〟。「これはすごいなあ!」と感動した。

その瞬間、これをバレーボールにも採り入れられないかと考えた。セッターとリベロを除く4人のアタッカーが、タイミングを合わせて同時に攻撃に入るのだ。クイックを打つ真ん中の選手、両サイドの選手、後衛からバックアタックする選手。全員が同じタイミングでアタックに入れば、相手は誰が打つのか分からず、ブロックにつきづらい。

日本人の器用さと敏捷性を活かしたハイブリッド6と、シンクロによるスピーディで多彩な攻撃。これが実現できれば高さのハンデを覆せる——。

新戦術を引っ提げて臨んだ２０１４年のワールドグランプリでは銀メダルを獲り、世界選手権でも7位に食い込んだ。すべてがイメージ通りにいったわけではないが、一定の成果は出せたと思う。

いろいろな新戦術を試す中で、特殊な才能を発揮したのが迫田さおりだった。普通はどんなアタッカーでも、前衛にいるときのほうがスパイク決定率、効果率は高い。ところが迫田だけは、後衛からバックアタックを打つほうが高い決定率、効果率を示したのだ。男子、女子を含めて、こんなバレーボール選手は世界で一人だろう。

そのデータを見て、スタッフもみんな「ありえない」と驚いている。そのとき、パッとひらめいた。「だったら、前衛のときもあえてバックに下がってから打ったほうがいいんじゃないか？」

迫田はもともと前に跳ぶのが得意な選手で、前衛のときはネットがあるからその特徴を出しにくい。ところがバックアタックなら思い切り前に跳べる。しかも、前衛のときにバックアタックを打つ場合は、アタックラインを気にしないですむから、通常のバックアタックよりも自由に打てる。

さっそく迫田に提案し、試してみることにした。前衛から後衛にいちど移動してから、走り込んでジャンプして打つ。練習ではおもしろいように決まった。

「これは行けるぞ！」。サソリは尻尾を後ろから前に回して相手を刺す。それに似ているので「スコーピオン」と名付けた。

ところが、試合で迫田がスコーピオンを繰り出すと、毎回審判がピーッと笛を吹くのだ。ローテーションは前衛だからアタックラインを踏み越えても問題ないのだが、審判が後衛からのバックアタックだと勘違いしてしまうのである。新戦術には苦労が付きものとはいえ、そのたびに試合が止まってしまうのには参った（苦笑）。

それでも、たえず新しいことに挑戦したい。その気持ちは昔も今も変わらない。

「チャレンジして失敗することを恐れるより、何もしないことを恐れろ」

私の座右の銘で、ホンダの創業者・本田宗一郎さんの言葉である。新しいことに挑戦すれば、いろんな問題が起こる。だからといって挑戦をやめてしまえば進歩もない。挑戦し、問題を克服していく過程で人は成長するのだ。

ちなみに、こうしていろんな戦術に名前を付けていったのには理由がある。テレビや漫画のヒーローものと同じで、必殺技には名前があったほうが分かりやすいし、マスコミも取りあげやすいからだ。少しでも話題を提供し、女子バレーに注目してもらいたいと思ってのことである。

セッターを失った日本　リオ五輪の蹉跌

新戦術を導入し、手応えを得ていた矢先、リオまでのプランを大きく狂わせる出来事が立て続けに起こった。

ひとつはリベロの佐野優子の引退である。Vリーグではベストリベロ賞、サーブレシーブ賞の常連。海外リーグの経験も豊富で、ロンドンオリンピック銅メダルの立て役者の一人である。１５９cmと小柄だが、ひいき目抜きで、当時世界ナンバーワンのリベロだった。

ロンドンを終えた時点で33歳。その後、トルコリーグのガラタサライやスイスで活躍していたが、リオでは37歳になる。年齢の不安がないと言えば嘘になるが、それを差し引いても、彼女以上のリベロは日本にはいない。

「どうしてもおまえの力が必要なんや。リオまでやってくれ」と説得。２０１４年にアシスタントコーチ兼任で代表に戻ってきてくれた。さすがのプレーを見せてくれたのだが、本人の気持ちの中では、終わりの時が近づいていたのだろう。その年の世界選手権の前に「もう無理です」と言ってきた。そして翌年、現役を引退してしまうのである。

もうひとつはセッター中道瞳の引退だ。まさに青天の霹靂。これですべての歯車が狂ってしまった。

前任の柳本晶一さんの時代から、日本の正セッターは竹下だった。私が監督に就任したときも、竹下以外の選択肢はなかった。逆に言えば、控えセッターには不安があった。そんなとき、東レの司令塔として活躍し始めたのが中道だった。身長は竹下と同じ159㎝。代表経験はなかったが、才能は竹下に匹敵する。そこで2010年の世界選手権の前に招集した。

中道は性格的にはちょっと控えめなところがあるのだが、それが当時のチームにぴたりとはまった。控えセッターに自己主張の強いタイプを置くと、正セッターとの関係がうまくいかず、チームの和が乱れる原因になる。中道はそのあたりをよく分かっていて、けっして竹下の前に出ないようにしていた。おかげでチームがうまく回り、監督としては非常にありがたかった。

控えではあったが、ここぞという場面で中道は見事な活躍を見せた。ハイライトはロンドンオリンピックの準々決勝、中国戦だ。当時はセット終盤に、中道と狩野舞子を同時にコートに入れる2枚替えを切り札にしていた。中国戦ではそれが功を奏し、中道が2本連続でサービスエースを決めて中国を倒すことができた。

「竹下が引退したあとは中道」。それが私の中では既定路線だった。実際、中道本人にもロンドン前から、「次はおまえが正セッターやからな」と話していた。ところが、ロンドンのあと、以前から抱えていたアキレス腱痛が悪化。リハビリをしていちどは代表に復帰した。しかし、状態は思わしくなく、ついに2015年、引退することになってしまった。

佐野優子と中道瞳。チームの中軸である二人を同時に失ったのは、あまりにも痛かった。さらにその年は江畑幸子も試合中に怪我を負い、離脱を余儀なくされた。踏んだり蹴ったりである。

一番尾を引いたのは、やはりセッターの問題である。リオだけでなく、次の東京オリンピックで監督を務めた中田久美も苦労したと思う。

中道の控えとして想定していた宮下遥はまだ21歳。経験不足は否めなかった。もう一人の候補は田代佳奈美。その後、海外リーグも経験し、いまも代表候補の一人ではあるが、竹下、中道に比べると、どうしてものの足りないところがある。最終的にリオでは宮下と田代を選んだのだが、セッターについては不安を抱えたままだったというのが正直なところだ。

それ以外の面でも、ロンドンのときのような完成度の高いチームを作ることはできなかった。これはひとえに監督である私の責任だ。

チームの状況は厳しかったが、こんなときこそポジティブシンキングでいくしかない。2016年5月のオリンピック最終予選は3位（アジア1位）に入り、リオへの切符を手に入れた。

迎えたオリンピック本番。予選ラウンドをクリアすれば、決勝トーナメントは一発勝負。そこにピークを合わせ、ベストパフォーマンスをぶつけることができれば、何が起こるか分からない……と目論んでいた。

ただの希望的観測ではない。実際、予選ラウンドで苦戦したチームが、一発勝負で勝ち上がった例はある。ロンドンで金メダルを獲ったブラジルも、序盤は不調でグループ4位だったが、準々決勝でロシアに勝って勢いに乗り、そのまま金メダルまで駆け上がった。

リオでの日本も、予選ラウンドは2勝3敗で4位。なんとか決勝トーナメントに駒を進めた。準々決勝の相手はアメリカ。ジャイアント・キリングを狙ったが、力の差はいかんともしがたく、結局0－3で敗退することになった。

金メダルどころか、5位入賞が精一杯。目標に届かなかった責任は監督がとらなければならない。また、代表監督連続8年は歴代最長タイ。さすがに長すぎると感じていた。リオオリンピックの終了後に退任することは、自分の中で早くから決めていた。

メダルを獲るにはプロリーグが必要

周囲からは東京オリンピックまで代表監督を続けてほしいという声もあったが、8

年間、代表を率いてみて限界を感じていた。日本代表を強くするには、日本バレー界全体の底上げが必要。具体的に言えば、国内リーグをプロ化しなければ世界とは戦えない。そんな思いが以前にも増して強くなった。

私自身、現役時代の終盤にプロを経験している。１９９９年、長年お世話になった新日鐵を退職してイタリアに渡り、セリエAのパレルモとプロ契約を交わした。当時のパレルモには大スポンサーがつき、世界のトップ選手を集めていた。

チームに加わって感じたのは、プロには年齢も国籍も関係ないということだ。私はすでに36歳になっていたが、ベテランだろうが、16歳の新人だろうが、外国人だろうが、コートに入れば立場は同じ。

日本では監督やコーチが「おまえは残れ。個別練習だ！」と指示する。しかし、向こうは全体練習が終わったあと、若い選手がコーチに「僕に5本打ってください！」と自ら志願して、居残り練習をするのだ。練習は自分の能力を高めるために行うもの。当たりまえと言えば当たりまえなのだが、最初は「これがプロの世界か」とカルチャーショックを受けた。

練習をして力がつけばメンバーに選ばれる。能力がなければクビになる。ベンチ入りしても、試合に出て勝たなければ年俸は上がらない。だから、みんな試合に出るため、勝つために必死で努力し、自分をアピールする。それは監督やコーチも同じだ。プロとして、チームを勝たせることができなければ容赦なく切られる。

プロの世界では、選手もコーチも年俸で評価される。だから、みんなお金にはものすごくシビアで、ハングリー精神が強い。500万円なら500万円のプレイヤーとして扱われるし、2億円なら2億円のプレイヤーとして待遇される。

日本はそれまでプロ野球とサッカーのJリーグがあったが、他の競技はほとんどが企業スポーツとして運営されてきた。選手は基本的に会社員。年功序列の世界で、試合に勝っても負けても、給料は毎月同じ額が支払われる。

やっている練習は日本もイタリアもそれほど変わらない。日本の選手も業務は免除されて、朝から晩まで練習しているケースはある。みんな勝ちたいと思って、一生懸命努力している。ただ、プロとは思考回路が違う。

プロ選手は代表の試合でも、目の色を変えて勝ちに来る。なぜなら、世界中のエージェントが試合を見ていて、代表で活躍すれば自分の価値が上がり、クラブでの契約条件もよくなるからだ。

日本の選手も当然、日の丸のためにがんばっている。私も代表の試合ではいつも特別な感情を持って戦ってきた。でも、プロは「国のため」に加えて、プラスアルファのモチベーションがあるのだ。この差は大きい。

また、プロリーグがある国には、世界中から一流選手が集まってくる。当然リーグ全体のレベルが上がり、外国人選手と競争する国内選手のレベルも引き上げられる。結果としてナショナルチームも強くなるのだ。90年代のイタリア、最近で言えばトルコがいい例だ。

日本でも、何度かプロ化の話が持ち上がったが、一部の選手がプロ契約になっただけで、リーグのプロ化は見送られてしまった。

イタリアでプロの世界を経験してみて、このままでは、日本は世界から置いていかれてしまうと痛感した。さらに代表監督になってみて、今後、日本が世界三大大会（オリンピック、世界選手権、ワールドカップ）で表彰台に上がるためには、絶対にプロリーグが必要だと考えるようになった。

リーグのプロ化ができないのなら、自分でプロチームを作ればいいじゃないか――。そう気づいたのは２０１０年の世界選手権のときだった。ひとつプロチームができれば、後に続くチームも現れるかもしれない。そうやってプロチームとプロ選手が増えていけば、日本代表も強くなる。

その年の冬、代表がオフシーズンになると、私はさっそく動き始めた。サッカーや野球など、いろいろなプロチームのＧＭや監督にお会いして、バレーボールでプロチームを作るためのアドバイスを訊いて回ったのだ。そのとき、ある方からこんな指摘を受けた。

「眞鍋さん、代表監督がプロチームを作るって、本気ですか？　普通は協会が先に立ってやるものですよ」

「協会もＶリーグ機構もできないというから、個人で作るしかないんですよ。リーグがプロ化しないと、今後は日本代表も勝てなくなると思うんです」

「そういうことですか……。もし本当にやるんだったら、競技人口の多い地域がいいでしょうね。サッカーで言えば、静岡は競技人口がすごく多いから、清水エスパルスとジュビロ磐田の2チームがあります。バレーボールでそういう地域はないんですか？」

なるほど、そういうものかと思い、日本バレーボール協会に調べてもらったところ、なんと一番バレー人口が多いのが兵庫県だと分かった。しかも、兵庫県の中でも、姫路市やたつの市などがある播磨地方、まさに私の出身地が最もバレーが盛んな地域だということが判明したのだ。これには驚いた。まさに灯台もと暗し。私は中学卒業後、大阪商大附属高校に進み、早くに地元を離れてしまったので、姫路のバレー事情をよく分かっていなかったのだ。

たしかに歴史を紐解けば、中村祐造さん、田中幹保さん、そして私、眞鍋政義と、姫路からは日本代表監督が3人も出ている。バレーボールがオリンピックの正式種目になってから、わずか60年の間にである。

姫路市の人口は約52万人。地方都市としてはそこそこの規模だが、大都市とは言えない。でも、バレー人口は国内随一で、とくに少女バレーの人気が高い。

いったいなぜなのか？　気になってさらに調べてみたところ、ボ﹅ー﹅ル﹅に行きついた。

バレーボールはもともと1895年にアメリカで考案され、1913年、YMCA

（キリスト教青年会）を通じて日本に伝えられた。その際、アメリカ人が最初に普及活動を行ったのが、京都、大阪、神戸だったと言われている。当時はもちろん旅客機はなく、海外との行き来は船しかない。そのため、港のある神戸が外国文化の窓口になっていたのだ。

ＹＭＣＡによる普及活動のあと、日本で最初にバレーボールチームが誕生したのは１９２１年。当時の神戸高等商業学校、現在の神戸大学の同好会だった。兵庫県でバレーボールが盛んな背景には、そうした歴史的な経緯があったのだ。

では、神戸よりむしろ姫路でバレー人気が高くなったのはどうしてなのか？　ここからは私の推測も混じるが、ボールの製造と関係があったのだと思う。バレーボールのメーカーとして有名なミカサ、モルテン、タチカラなどは、昔、姫路の西にあるたつの市の工場でボールを作っていた。

最初にバレーボールが伝わった神戸、そしてボールを製造したたつの市。その間にあるのが姫路。バレーが盛んになるのは自然なことだった。

私がバレーを始めたのは、たまたま背が高く、中学で学校の先生に勧められたのがきっかけ。偶然だと思っていたが、歴史的に見ると、必然だったのかもしれない。

バレーと姫路の関係を知って、私の心は震えた。プロチームを作るなら姫路しかない――。運命に導かれるように、私は構想を練り始めた。

兵庫県内で見ると、プロスポーツチームは神戸に集中していて、サッカーのヴィッセル神戸、ラグビーの神戸製鋼（コベルコ神戸スティーラーズ）、それから野球の阪神、オリックスがあった。それに対し、姫路には女子サッカー二部のＡＳハリマアルビオン、女子バスケWリーグの姫路イーグレッツがあるだけ。集客を考えると、ライバルが少ないに越したことはない。

姫路市の財政状況がいいことも後押しになる。一部上場企業が市内に13社もあり、経済規模は兵庫県で第二位。姫路城が日本で最初に世界文化遺産に選ばれたおかげで知名度も高い。調べれば調べるほど、プロチームを立ち上げるならここしかないという要素が出てきた。

私は市長や、地元経済界の人々に会い、夢を語って回った。ロンドンでメダルを獲ったおかげで、多くの方が熱心に耳を傾けてくれた。

とはいえ、スポーツチームを一から立ち上げるのは本当に大変で、いままで経験したことのない苦労の連続だった。スポンサーになってもらうために企業へ行って、プレゼンをするなどというのも初めて。おかげでいろんな勉強をさせてもらった。その経験はいまも大いに役立っている。協会と話し合ったり、テレビ局の協力を得たり、さまざまな交渉ごとの場面で、以前とは別の観点でものを見られるようになったからだ。

チーム設立までには6年もの歳月がかかった。代表監督をやりながらプロチームを作る。振り返ってみると、われながらよくあれほどの仕事ができたものだと思う。

長い間お世話になってきたバレー界に恩返ししたいという気持ちと、どうしてもプロチームを作らなければならないという使命感。それだけを頼りに、とにかく必死で取り組んだ。プランや理論も大事だが、最後にものを言うのはパッションだ。夢がないことには何も始まらないし、成功もない。「誰もやってくれない」と嘆いているだけでは現実は動かない。誰もやってくれないなら、自分でやるしかないのだ。

もちろん、チームができたのは私だけの力ではない。その間、いろんな人を巻き込み、協力を仰いだ。

初のプロチームを立ち上げるのだから、話題性、インパクトも重要だ。そこで、竹下佳江を監督にしようと考えた。当時、竹下は結婚して広島に住んでいたので、何度も訪ねていって話をした。

じつは、ちょうどその頃、中道が引退してしまうという問題も起きていたので、「セッターとして現役に復帰してくれ」ともお願いしたのだが、それは断られた。姫路の監督についても、最初は「できません」と言っていたのだが、「このままじゃ日本バレー界はだめになってしまう。バレー界への恩返しだと思ってやってくれ」と3年がかりで説得し、ようやく引き受けてくれることになった。

初めての試みなので、うまくいくかどうかは分からない。多くの人を巻き込む以上、私自身が腹をくくる必要がある。運営会社の「株式会社姫路ヴィクトリーナ」の設立にあたっては、自分で工面できる最大限の資金を投じた。場合によっては返ってこないことも覚悟の上だ。

日本初の独立採算型プロバレーボールチーム「ヴィクトリーナ姫路」は、リオオリンピックを目前にした2016年の春に誕生した。監督は竹下、経営は橋本明社長に任せ、私はゼネラルマネージャーに就いた。満開の桜の下、姫路城をバックに記者会見を行ったときのことはいまでも鮮明に覚えている。

そのとき掲げたテーマが「姫路から世界へ」である。ヴィクトリーナ姫路で育った選手には、どんどん世界に飛び出していってほしい。プロチームを作ったのは、Vリーグの選手や、これからバレーを始める子どもたちに夢を与えるためでもある。

野球やサッカーをはじめ世界のプロスポーツでは、選手の年俸や獲得賞金が大きなニュースになる。MLBの大谷翔平がスポーツ界史上最高の10年7億ドル（約1015億円）の契約を結んだことが大きなニュースになったが、そういう選手がバレーでも出てくるのが私の夢だ。お金がすべてではないが、もしVリーグの選手が年俸1億円をもらえるようになったら、時代は変わるだろう。

ヴィクトリーナ姫路は2018年からV2リーグに参加し、翌年にはV1リーグに昇格した。それ以降、私は球団オーナーの立場でチーム運営に携わることになった。その時点では、再び現場に戻るなどとは夢にも思っていなかった。

チーム運営でさまざまな課題はあったが、リーグのプロ化に向けて、ひとまず先鞭をつけることはできた。自分なりに日本バレー界へ恩返しはできた——ほっと一息ついた矢先に襲いかかってきたのが、新型コロナウイルスだった。

女子バレーをマイナースポーツにしないために　2021年東京五輪

未曾有のパンデミックに、バレー界はもちろん、スポーツ界全体が大きな影響を受けることになった。何より大きかったのが、東京2020オリンピックの延期である。決行か、延期か、中止か。政界や経済界の動きに巻き込まれ、スポーツ界は翻弄された。思ったような練習や準備ができず、選手たちも苦しんだと思う。東京を目標にしていた選手の中には、延期を受けて引退を選んだ者もいる。

代表監督の中田久美にも大きな重圧がのしかかったはずだ。オリンピックで日の丸を背負うプレッシャーは経験してみないと分からないものだ。そこにコロナ禍をめぐるさまざまな問題が加わったのだから、その苦労は察するにあまりある。

結局、オリンピックは1年遅れで開催されることになったが、各競技とも感染対策のため、無観客で行われることになった。私はテレビの解説を務めることになったのだが、観客のいない有明アリーナは、異様な雰囲気に包まれていた。本来は日本チームへの大声援が選手を後押しするはずだったのが、聞こえるのは監督と選手の声のみ。

初戦の相手はケニア。チーム力を考えればまったく問題ない相手である。ストレート勝ちして勢いに乗りたいところだ。実際、2セットは順調に連取したのだが、第3

セットに思わぬ落とし穴が待っていた。エースの古賀紗理那がブロックに跳んだあと、着地時に相手選手と交錯し、右足首を捻挫してしまったのだ。起き上がることができず、そのまま途中退場。試合は代わりに出た石井優希の活躍もあり、3－0でものにした。しかし、初戦でのエースの負傷はあまりにも痛い。

2戦目はセルビア、3戦目はブラジルと、相次いで世界のトップチームと対戦した。どちらかから金星をあげれば、決勝トーナメントへの進出が見えてくる。しかし、日本は両試合とも0－3で完敗してしまう。最終的にセルビアは銅、ブラジルは銀メダルを獲ることになるわけだが、世界のトップとの差が如実に表れてしまった。

予選ラウンドの4戦目は韓国戦。ここが正念場だった。負傷退場から6日で古賀がスタメンに復帰した。万全の状態ではなかったようだが、古賀がいるのといないのとではチームに与える安心感が違う。ただ、監督の中田久美はそれ以外のスタメンを大幅に入れ替えた。セッターは籾井あきに替えて田代佳奈美、オポジットは黒後愛に替えて林琴奈、ミドルブロッカーは島村春世に替えて山田二千華。

ところが、それが裏目に出て、日本は試合序盤からミスを重ねた。韓国はエースのキム・ヨンギョンにボールを集め、先行する。日本はメンバーを交代しつつ流れを取り戻し、試合はフルセットにもつれ込んだ。

こういうときに頼りになるのが荒木絵里香だ。ロンドンのときに主将を務めていた荒木は、その後出産もあり一時引退した。しかし、リオの前に代表に戻り、東京では自身４度目のオリンピックを、再び主将として迎えていた。

荒木の気迫に導かれるように、古賀や石川真佑らアタッカー陣も奮闘。日本は14－12でマッチポイントを迎えた。あと１点という場面。セッターの籾井あきは連続して石川にトスを上げた。しかし、石川が決めきれず、デュースに持ち込まれた。その勢いで韓国が14－16と逆転。日本は３連敗となり、いよいよ崖っぷちに追い込まれた。

予選ラウンド最終戦の相手はドミニカ共和国。お互いに決勝トーナメント進出をかけた一戦となった。勝てない相手ではない。しかし、プレッシャーで硬くなっているのか、この試合も日本はミスを連発。第１セットは10－25で落とした。ドミニカ共和国は勢いに乗って２セットを連取。あとがなくなった第３セットは日本が取り返したが、結局１－３で敗戦。日本は１勝４敗のプールＡ５位、全体の10位で自国開催のオリンピックを終えた。

57年前、前回の東京オリンピックでは東洋の魔女が金メダルに輝いた。栄光の歴史があるだけに、日本の女子バレーにはいつも大きな期待と同時に、厳しい目が注がれる。これまで４大会連続で決勝トーナメントに進んできたこともあり、自国開催での予選ラウンド敗退は、関係者にとっても、ファンにとってもまさかの結果だった。

無観客の静かなアリーナで、ドミニカ共和国の選手たちは喜びを爆発させ、日本の選手たちはうなだれている。オリンピックの試合とは思えない、奇妙な光景だった。

解説で何を話したのかは覚えていない。ただ、「女子バレー、これから大変だなあ……」と思ったのはよく覚えている。開催が延期されたことで、次のパリまでは3年しかない。「これで次のオリンピックに出られるんだろうか……」と考えながら、ひとまずホテルに帰ることにした。

もう深夜になっていたが、立て続けに電話がかかってきた。バレーボール関係者やマスコミの方々だった。みなさん試合を見て、私と同じ感想を持ったのだろう。切迫した声で「パリまで3年しかない」「眞鍋、おまえがもう一回監督をやるべきだ」と言うのだ。もちろん危機感は分かる。でも、私はもう監督を辞めた人間だ。現場に戻ることはまったく考えていなかった。

「とんでもない。ぼくには無理ですよ」と話したが、その翌日も、また次の日も、いろんな方から電話がかかってきた。みなさん一様に、「もういちど監督をやれ」と言う。それでもひたすら固辞し続けた。ところが最後、ある方からこう言われたのだ。

「眞鍋、もし次のオリンピックに出場できなかったら、日本の女子バレーはマイナースポーツになってしまうよ」

その一言は私の胸に突き刺さった。ロンドンでメダルを獲ってからすでに9年。その間、私の監督時代も含めて、日本女子はこれといった結果を出せていない。その危機感があればこそ、私はプロチームを立ち上げ、日本バレーの底上げのために尽力してきた。

ただ、トップチームが弱ければ、世間の注目度は下がっていく。東京オリンピックで観客のいないアリーナを見たときの寒々しさを思い出した。母国開催で決勝トーナメントに進めず、次はオリンピックに出ることすらできない。万が一そんな事態になれば、ファンからも見限られてしまうかもしれない。バレーを心から愛し、バレーに育ててもらった人間として、バレーボールがマイナースポーツになる姿は見たくない。

ヴィクトリーナ姫路で取り組んできたことも、女子バレー自体の人気がなくなったら、水泡に帰してしまう。

とはいえ、東京オリンピックの最中、解説者として冷静にいまの代表を見て、「次の監督は苦労するだろうな」と思っていたのも事実だ。世界の選手が大型化する中、日本代表の平均身長はロンドン、リオのときよりむしろ低くなっている。そのハンデを克服するのは並大抵のことではない。荒木が引退することで、ロンドンで銅メダルを経験した選手もいなくなる。私が監督になったとして、どれだけのことができるだろうか？

私は普段からポジティブシンキングで、あまり悩まないほうだ。でも、東京オリンピック後の1～2カ月は本当に悩んだ。

東京オリンピックの惨敗を見れば、他の監督候補たちは二の足を踏むだろう。一方の私はロンドンでメダルを獲らせてもらい、みなさんから賞賛され、バレーボールというスポーツからたくさんのものを受け取ってきた。自分の実績を上げることにはもう興味はない。代表が危機に瀕しているなら、火中の栗を拾う覚悟で立ち上がらなければならない。

当時、私はすでに58歳。パリオリンピック予選のときには還暦を迎える。おそらくこれが最後の挑戦になるだろう。バレーボールへの思い、日の丸への思いを胸に、私は代表監督の選考に再び名乗りを上げることにした。

第2章 逆境からの出発

2021年10月 日本代表監督再就任

For Paris 2024

パリオリンピックに向けての日本代表監督は公募されることになった。私も候補者の一人として立候補。選考委員たちの前で自分の考え、ビジョンをプレゼンすることになった。

前回の監督時代の経験、プロチームのGMとしてバレー界を見て考えてきたこと、そして東京オリンピックの結果。それらを自分なりに総括し、プレゼン資料を作った。

「パリオリンピック出場は、日本女子バレー界が総力をあげて、必ず達成しなくてはならない最低条件」。それが大前提。その上で「想い」「目指すもの」「現状整理」「戦略」「目標達成のためのポイント」という五つの項目に分けて説明することにした。

女子バレーが置かれている状況と、それに対する私の考えが端的に分かると思うので、抜粋して引用しておく。

【想い】

日本の女子バレーボール界はすでに緊急事態・かなりの危険水域

・東京オリンピック10位（2004年アテネ以降初めて五輪ベスト8入りを逃す）

・女子バレー人気の低迷（スター選手不在・認知度の低下、メディアバリュー減）
・女子小学生のバレーボール離れ（将来の競技力・バレー人気に影響大）※2019年の小学生バレーボール連盟登録者数は2012年から女子約2割減。同期間で男子約2倍増！
・日本人若手指導者の底上げ（世界と戦える視座をもった次世代の指導者養成は急務）

まだまだ日本の女子バレーにはポテンシャルがある！

・東京オリンピックはテレビ解説の仕事もあり、日本戦全試合はじめ、男女予選から決勝戦まで現地視察。これ以上の日本低迷を「ただ見ているわけにはいかない」。
・特に男子優勝のフランスや、銅メダルを獲得したアルゼンチンの戦いを見て、「小よく大を制す」ためのヒントやイメージを持つことができた。
・2019年のU20（ジュニア）世界選手権優勝メンバーなど優秀な選手がおり、オールジャパン体制で臨めば、まだ挽回・回復できるポテンシャルはあると確信。

【目指すもの】

必達目標：パリ2024オリンピックの出場権獲得
オリンピックよりも、「オリンピック予選」は厳しい

・出場権を自らの手で掴み取る修羅場の厳しさを知る者は少ない。
・パリ2024オリンピックは、さらに日本に厳しい五輪出場権獲得スキームに改変（戦う環境の変化）。

パリオリンピックにおける目標は、想いだけでなく、見極めの上であらためて設定

・3年後に万が一パリオリンピックの出場権を得られなかった場合、日本の女子バレーボール界へのダメージは極めて大きく、まずは出場権獲得という必達目標に全力を尽くす必要があると考える。
・詳細なデータ等を踏まえた精緻な現状把握ができてはじめて、適切な目標設定とその達成に向けたアプローチ・戦略プランを描ける（世界の現状把握に時間をかけるべき）。
・希望的観測による目標設定は、ファンやメディアの期待値を高めて失望を招きやすくするだけでなく、選手にとっても実現イメージを持てずにモチベーション低下を引き起こし、チームマネジメント上でも大きなリスクになるため、慎重に検討した上で最終目標を設定する必要がある。

【現状整理】（パリ2024オリンピックの出場権獲得を目指すにあたり）

強み（＋）内部環境

- 2019U20世界選手権での優勝経験（若手の台頭・スタッフの経験値）
- ロンドン2012オリンピックでのメダル獲得経験
- 練習環境（ナショナルトレーニングセンター／薩摩川内）の確保・充実
- 部活動等での基礎技術力の獲得
- バレーボールを職業にできる国内環境

強み（＋）外部環境

- 日本オリンピック委員会（JOC）／日本スポーツ振興センター（JSC）など関係団体との連携・協働
- 国内での一定の人気・競技普及
- 各選手所属チームとの連携・協力関係
- 国内リーグの発展（競争環境の確保）
- 国際バレーボール連盟における日本の関与・貢献（用具用品契約／理事・委員輩出）

弱み（－）内部環境

- 世界と修羅場を戦う経験の不足（欧州はリーグ期間含めて国際戦）
- 世界の指導者とのネットワークの弱体化
- 世界で戦うためのハングリー精神の欠如（日本代表への憧れ・メンタリティ）

・経済的な支援減の傾向（補助金／協賛金等）
・次世代の強化活動の停滞（コロナの影響を含む）
・組織的な中長期戦略や継続性の不安定さ

弱み（二）外部環境
・オリンピック出場権獲得スキーム変更（難易度アップ）
・開催国（フランス）＋五輪予選6カ国（3会場×8カ国中2位以内が出場権獲得）＋世界ランキング上位5カ国
・世界ランキング制度の変更・バレーボールネーションズリーグ（VNL）の重要度アップ
・ホームアドバンテージの減少（グラチャン廃止・世界選手権の海外開催）
・女子小学生バレーボール人口の減少
・他競技の振興による競技者・人気の分散

【戦略】
必達目標「パリオリンピック出場権獲得」を達成するための戦略方針
①2022年シーズンは、過去の経験や固定観念にとらわれず「世界を知る」

過去をリセットして世界を知ることに重点を置き、合宿に加え、試合経験を積極的に積み重ねながら「世界を体感・心感」し、「新しい日本バレー」のスタイルを追究する。

②２０２３年夏の五輪予選で、８チーム中２位以内に入り出場権獲得を狙う

五輪予選を日本で開催し、自国開催のアドバンテージを活かして戦う。

ここで出場権を獲得できれば、五輪準備に有利なゆとりを生み出すことができる。

③ＦＩＶＢ世界ランキング10位以内死守

世界ランキングで10位以内に入る実力を保持できれば、パリオリンピックの出場権を逃すことはない。

世界選手権や五輪予選だけでなく、ネーションズリーグも勝利にこだわり、２０２５年以降もネーションズリーグのコアチームであり続ける地位を確立する。

【目標達成のためのポイント】（重点）

技術・戦術面

- 「サーブ」「サーブレシーブ」「スパイクレシーブ」「失点の少なさ」の四つは世界一の技術レベルを目指す。

●海外選手の「縦の優位性」に対抗するため、「スピード」と「横の変化」で強みと自信を獲得する。
●基礎技術の向上は絶対条件だが、それに加えて「工夫する力」が日本には必要。
●相手の分析・研究など情報戦略を重視し、日本の持つ戦力を最大化させるための戦術を構築。

チームづくり

●チームの核となる選手を早期に固めたチームづくり＋新戦力の積極登用・早期戦力化
●海外のプロ選手に負けない日本代表選手メンタリティの形成（ハングリーさ、闘争心、熱量）
●目標達成・課題解決に導く力を持つスタッフの配備（育てる力、経験、ネットワーク、知性など）
●オールジャパンのチームづくり（オープンマインドでコート内外の関係者の力を結集した全員バレー）
●U《アンダー》カテゴリー・次世代を担う指導者の積極的関与（ロサンゼルス２０２８オリンピックやブリスベン２０３２オリンピックへと繋がるチーム）

マネジメント面

・日本代表選手・スタッフとして、対成果インセンティブと強化活動費充当のバランスを検討（過度に良い環境を与えすぎず強くする）。
・メディアなどのステークホルダー、アントラージュを巻き込んだオールジャパンチームづくりの確立。
・代表チームは国際競争になるため、海外とのネットワークを強固にし、それを活用した強化を推進。
・監督は選手やスタッフのモチベーターとなり、各々のもつ全力を出し切らせ、チームの団結を促し、また選手の人間力やチームの価値を高める。

監督選考のプレゼンでは、以上の現状認識とビジョンを説明し、私が本気で女子バレーの危機を救いたいと思っていることを、情熱を込めて語ったつもりだ。

他にも有力な候補者がいたようだが、最終的には私が選ばれ、２０２１年10月、監督内定が発表された。第二次眞鍋ジャパンの発足である。

選手を招集した本格的な活動は翌年の春からとなるが、オリンピック予選まではすでに2年を切っている。悠長に構えている暇はない。

プレゼン資料にも書いたように、パリオリンピックの予選はいままでと方式が変わった。詳しくは次の章で説明するが、出場を確実なものにするためには、２０２２年夏のＶＮＬ（バレーボールネーションズリーグ）でスタートダッシュを決める必要がある。私は即座にコーチ、スタッフ集めに取りかかった。

「チーム眞鍋」再結集

私が代表監督を退いてから5年。選手は世代交代が進んでいる。スタッフまで一新して試行錯誤をしている余裕はない。そこで中核には、第一次眞鍋ジャパンでともに戦い、気心の知れたメンバーを配置した。

総括コーチは川北元《げん》、マネージャーは宮﨑さとみ、アナリスト（現・チームマネージャー兼コーディネーター）は渡辺啓太、メンタルコーチは渡辺英児《えいじ》。さらに、監督付戦略アドバイザーとして竹下佳江を迎えることにした。

コーチの川北元とはひょんなことで知り合った。

彼はもともと順天堂大学のバレー部出身。しかし、選手の道は早々に諦め、大学院でスポーツ科学を学び、中学校、高校の非常勤講師となった。その傍ら、母校の順大でコーチをしていたのだが、もっとバレーの道を究めたいという情熱を抑えることができず、教員を辞めて、アメリカへと旅立つことになる。

なんの伝手もなく、最初は英語もしゃべれなかったが、アメリカのバレー界では有名なブリガムヤング大学のカール・マクガウン監督のもとを訪ねていく。そして、「何でもいいから手伝わせてほしい」と言って、1カ月ひたすらボール拾いをするところから始めた。

バイタリティとガッツは人一倍。愛嬌があって誰からも好かれる人柄。マクガウン監督にもすっかり気に入られた。あるとき、練習を見学に来ていたペンシルベニアの州立大学の監督から声をかけられた。「きみはこれからどうするんだい?」「もっとコーチの勉強をしたいんです」「じゃあ、うちに来ないか」という話になり、アシスタントコーチとして採用された。

そこで経験を積みつつ、次に川北が目指したのがアメリカ代表チームである。2005年、郎平《ロウ・ヘイ》がアメリカ代表の監督になると、川北はアポなしで訪ねていった。郎平は現役時代に中国代表として三大大会すべてで金メダルを獲得。監督としてはアトランタオリンピックで母国を銀メダルに導いている。その名将の下で学ぶチャンスを逃すわけにはいかない。最初は郎平も驚いていたが、数日間テストするうちに川北を気に入ったようで、正式にナショナルチームのコーチに採用された。

私が川北と知り合ったのは、2008年のワールドグランプリのときだ。予選ラウンドが神戸で行われることになり、来日したアメリカ代表が久光製薬の体育館で練習することになった。当時、久光製薬の監督だった私が練習を見ていると、スタッフに日本人がいるではないか。おや?　と思っていたら、「川北と言います。郎平監督の下でコーチをしています」と挨拶された。それが最初の出会いだった。

その直後に行われた北京オリンピック。解説の仕事が終わり、日本食でも食べに行こうと思っていたら、体育館の外で偶然、川北に出くわした。これも何かの縁。いっしょにご飯を食べることになった。

その頃、久光製薬がアメリカ代表のローガン・トムと契約したこともあって、彼女の情報を聞いたのだが、それ以上におもしろかったのが川北のこれまでのキャリアだった。「ところで、きみはオリンピックのあとどうするの?」と訊ねると、「まだ決まってません」と言う。「だったら、ローガンといっしょにコーチ兼通訳で久光に来てくれよ」「え⁉ 僕でいいんですか」ということで、久光への加入が決まったのである。

彼の最大の長所はコミュニケーションスキルだ。アメリカでの経験が長いから、選手を楽しませながら練習するコツを心得ている。英語が話せて、世界のバレー界に人脈も持っている。これは日本代表にも欠かせない人材だと思い、私が代表監督になると同時に、代表でもコーチになってもらった次第だ。

彼はその後、木村沙織の移籍に合わせてトルコのワクフバンクでもコーチを経験。リオオリンピックのあとは、Vリーグのデンソーエアリービーズの監督に就任した。監督としても手腕を発揮していたのだが、今回、第二次眞鍋ジャパン発足にあたって、お願いして再び代表のコーチになってもらった。

もうひとり、私の片腕的な存在がマネージャーの宮﨑さとみだ。彼女は神戸の出身で、高校時代は強豪の須磨ノ浦高校でキャプテンを務めていた。大学までプレーを続け、卒業後は神戸を本拠地とするVリーグのオレンジアタッカーズでチームマネージャーとなった。

しかし、チームの経営状態が悪化。2000年に久光製薬がスポンサーにつくことになり、新たに久光製薬スプリングアタッカーズとして再出発することになった。そのチームが久光製薬スプリングスとなり、2005年に私が監督に就任した。その縁で宮﨑と知り合うことになったのだ。

宮﨑はとにかく仕事がテキパキしている。遠征や合宿の手配、取材の調整などは彼女に任せておけば安心。選手たちの気持ちも理解し、アドバイスや生活指導もしてくれる。第1章でも触れたが、男性監督の私が気づかない部分まで目配りしてくれて、ときには忖度なしで厳しい意見も言ってくれる。ありがたい存在である。

最初に代表監督になったとき、彼女にはスタッフに入ってもらった。ただ、その最初の大会で、彼女はらしくないミスをした。試合前にメンバー表の提出を忘れたのだ。幸い試合は続行され、チームも勝利した。「本当にすみません」と謝る彼女に、私は「勝ったんだから、もうええよ。これからはこういうミスもしないやろう」と言って、いっさい怒らなかったそうだ（私は覚えていないのだが）。それ以来、宮﨑は「この人が監督をやっているかぎりはついていこう」と思ってくれているらしい。

女子バレーチームのマネジメントで何が大変かと言うと、合宿や遠征時の部屋割りである。基本的にツインルームなので、誰と誰を組ませるかで頭を悩ませることになる。部屋割りに失敗すると、プレーにも影響する。

同期や仲良しで組ませればいいかというと、必ずしもそうとは限らない。部屋で先輩が後輩にアドバイスするのも大事な時間だ。考えなければいけない要素が多くて、部屋割りはまるで難解なパズルのようである。私だけではとても解けないので、選手の性格、人間関係を隅々まで把握している宮﨑に毎回助けてもらっている。

女子バレーには女性マネージャーが絶対に必要だ。と同時に、監督は女性マネージャーを味方に付けなければいけない。マネージャーが選手側に付いて、「対監督」でまとまってしまったら万事休すである。

リオのあと、彼女にはヴィクトリーナ姫路のマネージャー・広報をやってもらっていたが、代表監督に戻るにあたって、再び彼女を連れていくことにした。だが、代表のマネージャーは激務だ。宮﨑には「もう無理です」と断られたのだが、いろんな人から説得してもらって、やっと来てくれることになった次第である。

ロンドンでメダルを獲ってから、「女性のチームをどうマネジメントするか」というテーマで講演の依頼を受けることが増えた。聞きに来てくださるのは、主に企業の経営者や管理職の方々だ。私なりの試行錯誤を紹介し、ありがたいことに好評をいただいている。しかし、私が女子選手をまとめることができたのは、私ひとりの力によるものではない。宮﨑さとみという優れた女性マネージャーがいてくれたからこそだ。

カリスマ監督から集団指導体制へ

その他にもアシスタントコーチやトレーナー、ドクターも含めると、スタッフは総勢20人ほどになる(毎年若干入れ替えがある)。分業制を敷き、スタッフの人数が多いのも、眞鍋ジャパンの特徴と言える。

たとえば、コーチはディフェンス、ブロック、サーブ、戦術・戦略というように分野ごとに置いている。技術面だけでなく、フィジカル、メンタル面もいまのスポーツ界ではきわめて重要。情報収集も一人ではとてもカバーできない。だから、トレーナー、メディカルスタッフ、アナリストも複数人必要になる。

一昔前の女子バレーは、大松博文さんや山田重雄さんのように一人でチーム全体を仕切る人が多かった。絶対権力を握るカリスマ監督だ。そういう監督はあまりコーチを使わない。コーチがいても、監督に許可を得ず選手指導したりすることは好まない。自分ですべてを決めないと気がすまないのだ。

私はそういう性格じゃないし、カリスマ性もない。技術面でも、自分の専門であるセッターならいくらでも教えられるが、他の分野はそれを専門にやってきた人に頼ったほうがいいと考えている。

時代の流れもある。いまどき昭和のように「俺についてこい！」と言っても、選手もスタッフもしらけてしまうだろう。

それにもかかわらず、女子バレーの現場には悪しき伝統が残っていて、独裁型の監督が選手に命令し、選手は唯々諾々と従うという雰囲気がある。男子のように自分たちの頭で考え、工夫するということが少ない。それが最近の男子代表と女子代表の差にもつながっているように思う。

バレーはチームスポーツだ。監督の私がどれだけメダルを獲りたいと思っても、それだけでは獲れない。選手一人ひとり、スタッフ全員が本気で「メダルを獲る！」と思わないかぎり、目標は達成できない。メンバー全員が自分の頭で考え、自発的に行動する風通しのいい組織に変えるためには、まず監督がトップダウン式、一方通行の指導をやめることだ。私は選手とスタッフを、同じ目標を持ち、同じベクトル、同じ熱量を持った同志だと考えるようにしている。

人間、一人でできることは限られている。しかし、得意分野を持った人間が複数集まれば、思ってもみなかった大事業を成し遂げることができる。現代は一人のカリスマに頼るのではなく、〝チーム〟で戦う時代。監督に求められるのは、それぞれの分野で優秀な専門家を集め、彼らがチームとして機能するようにマネジメントする手腕だ。

私は久光製薬の時代からそういう考えだったから、コーチやトレーナーを複数置いていた。最初に代表監督になったときも、当時の日本バレーボール協会強化事業本部長の荒木田裕子さんに分業制の重要性を説明し、スタッフの数を増やしてもらった。

最初に分業制を採り入れたときは、いろんな方から、「おまえは女子バレーというものが分かってない」「そんなやり方が成功するわけがない」と言われた。

でも、野球をはじめ他のスポーツでは昔から分業制が敷かれていたし、企業や一般社会でも分業制のほうがスタンダードだろう。女子バレーの世界が、あまりにも監督中心で、特殊な世界だったと言える。

　私が分業制を採り入れるまで、女子バレーのコーチやスタッフはまったく光が当たらない存在だった。監督に睨まれないように、たえず陰に隠れ、前に出ないようにしていたのだ。

　でも、それではスタッフのモチベーションも上がらないし、いい仕事はできない。私はスタッフもチームジャパンの一員として、もっと注目されるべきだと考えた。

　そこで前回の監督就任時から、なるべくコーチ陣にもスポットライトが当たるように工夫してきた。たとえば、取材でサーブについて質問されたら、「サーブコーチに訊いてください」、ブロックなら「ブロックコーチに訊いてください」と言って、コーチがインタビューされる機会を増やしたのである。コーチだけじゃない。私がiPadを使い、データ重視を打ち出してから、アナリストもよく取材を受けるようになった。

　スタッフだって注目されたほうがモチベーションが上がるし、生き生きと自発的に働くようになる。そうすればチームの雰囲気もよくなるし、何より監督の私が助かる。監督の嫉妬や支配欲のせいで、分業のメリットを捨ててしまうのはもったいない。

　とはいえ、単にコーチに任せるだけでは、チームはばらばらの方向に進んでしまう。スタッフが一体となり、同じベクトルで力を発揮できるように、コミュニケーションにはたえず気を配っていた。

　前回の8年間の監督時代は、毎日、全スタッフによるミーティングを行っていた。

といっても堅苦しいものではない。夜、それぞれの仕事が終わったあと、三々五々ミーティングルームに集まる。そして、ビールを飲みながら、その日あった出来事をみんなで報告し合い、情報を共有するようにしていたのだ。

たとえば、コーチと選手がマンツーマンで練習していたとき、言い合いになって、険悪な雰囲気になってしまったとする。そういうときも、情報を共有しておけば、別のコーチが「明日、俺がその選手をフォローしておくよ」といった解決の仕方ができる。私がマイクロマネジメントしなくても、スタッフ同士で助け合って自律的に処理してくれるのだ。そうなるとチームはうまく回り出す。

ところが、今回監督になってからは、そのコミュニケーションの面で苦労することになった。

ひとつにはコロナ禍の影響があった。最初にチームが集まったのは2022年の春。ワクチン接種が進み、緊急事態宣言こそ出なくなっていたが、まん延防止等重点措置が終わったばかり。代表チームで感染が広がれば、活動に支障が出る。当然、みんなで集まってお酒を飲むのは自粛せざるをえなかった。

もうひとつは私の個人的な事情だ。現役時代からさんざん酒を飲んできたせいか、健康診断の数値が悪化し、体重も過去最高を更新してしまったのである。さすがに医者からも注意され、禁酒することになった。2023年にコロナ禍が明けてからも、私の禁酒は続いた。

コロナ禍と禁酒。二つの理由から、夜のミーティングはなくし、夕食後は早めに寝るようにした。おかげで私自身は体重も減り、血液検査の数値も改善した。でも、それと反比例するように、チーム内のコミュニケーションに問題が生じ始めていた。

あるときマネージャーの宮﨑が「眞鍋さん、スタッフのコミュニケーションが少なすぎますよ」と言ってきた。彼女は観察眼が鋭く、チーム内の人間関係をじつによく把握している。その宮﨑が言うのだから間違いない。スタッフの中核は昔なじみのメンバーだが、半分は新しいメンバーだ。全員が理解し合っているわけではない。自分の問題に気を取られて、そこに気づいていなかった。

「しまった！」と思い、２０２３年のオリンピック予選前からミーティングを増やすことにした。だが、人間関係は常日頃のメンテナンスが大事。急にミーティングを増やしても、すぐにうまくいくものではない。この点は大いに反省した。

もちろん、昼間のミーティングはしっかりやっていたのだが、それだけでは微妙な人間関係のすり合わせはできない。昭和的な〝飲みニケーション〟にも効果があったんだなあ……とあらためて思った次第。２０２４年のオリンピックに向けては、あらためてコミュニケーションをテーマに掲げ、しっかり取り組もうと思っている。

キャプテンは古賀紗理那の一択だった

選手選考は難解なジグソーパズルである。監督が10人いれば10の選考基準があり、大会の目標、対戦相手、選手のコンディションによってもベストメンバーは変わってくる。ただ、パズルを解くための最初の1ピース、チームの中心となる選手がいつの時代も存在する。ロンドンでは竹下佳江や佐野優子。リオでは木村沙織。いまの日本で言えば古賀紗理那がそうだ。

古賀を最初に代表に呼んだのは、リオを目指すチームを立ち上げた2013年。彼女がまだ16歳のときだった。高校生ながら身長はすでに180㎝。才能は同世代の中でずば抜けており、将来の日本のエースアタッカーと目されていた。高校を出ると、VリーグのNECレッドロケッツに入団。新人ながら即戦力として活躍し始める。

彼女の特徴はすべてのプレーを高いレベルでこなせることだ。まず素晴らしいのはスパイク技術。速いトスにもハイセット(高いトス)にも確実に対応し、空中で相手のブロックを見て打ち分けるテクニックもある。

さらに、ジャンプ力を活かしたバックアタックとサーブも特筆に値する。もうひとつ、これはあまり注目されないところだが、じつはレシーブもブロックも抜群にうまく、歴代のアウトサイドヒッターの中でもトップレベルと言っていい。古賀はよく木村沙織に似ていると言われるが、守備面のセンスは木村を上回るかもしれない。

2015年のワールドグランプリでは、木村沙織とともに彼女を攻撃の中心に据えた。さらに同年のワールドカップでも活躍してくれた。この大会で古賀はベストレシーバー賞も受賞している。

そして迎えた２０１６年のリオオリンピック予選。私は古賀を14名のメンバーに選んだ。日本はなんとかリオへの切符を摑んだが、古賀の出来はいまひとつだった。そこで私は悩むことになる。オリンピックで登録できる選手は12名。予選のメンバーから2人外さざるをえない。ロンドンでは石田瑞穂を外すかどうかで悩んだが、この最後の選考はいつも非常に難しい。

次代のエースを育てるという意味では、古賀にオリンピックを経験させるという考え方もあっただろう。しかし、私の選考基準は「いまそのときのベストメンバー」を選ぶことだ。次のオリンピックが自国開催だからといって、それを見据えたメンバーを選ぶことはしない。そう公言してきた。

なぜなら、将来性で選ぶということは、いま全力でがんばっている選手を裏切ることになるからだ。たしかに東京オリンピックはバレー界にとって、きわめて重要な目標だ。しかし、現代表の目標はあくまでリオでの金メダル。リオで最高の結果を出すためのメンバーを選ぶのが私の仕事である。

たしかに古賀は優れたプレイヤーだ。前年の２０１５年のワールドカップではすごい活躍を見せてくれた。しかし、肝心のオリンピック予選でのパフォーマンスがよくなかった。オリンピック予選には、他のどんな大会とも違う独特の緊張感がある。その雰囲気に飲まれたのか、古賀は本来のプレーができなかった。でも、そういう場面で力を発揮できなければ世界とは戦えない。

誰を残すかについては、スタッフともずいぶん議論をした。もちろん古賀を推す声もあった。いろんな意見が出たが、最終的に決断するのは監督の役目だ。悩みに悩んだ末、私はそのときのベストの布陣を選んだ。残念ながら、古賀は落選となった。

選手を外すときはいつも個別に面談して、理由をきちんと説明するようにしている。古賀にも、オリンピック予選の数字を見せながら、「ワールドカップはよかったけれども、予選での成績が悪かった。これでは選ぶことはできない」と伝えた。古賀はかなりショックを受けている様子だった。私としてもつらかったが仕方ない。それが監督の仕事なのだ。

ただ、この経験をバネに、さらに強い選手に成長してほしいという思いもあった。これまで代表の中心選手は、多かれ少なかれみんな挫折を経験している。竹下佳江はシドニーオリンピックの予選で敗退したときに戦犯扱いされ、一時バレーを離れたことがある。オリンピックに4回出場した荒木絵里香でも、代表から外されていた時期がある。私が見てきた中で、すべてが順調で挫折がなかったのは木村沙織ぐらいだ。しかし、そんな彼女でさえ、ロンドン後には一時、燃え尽き症候群に陥った。

私自身、１９９６年のアトランタの予選で韓国に負けて、オリンピックに行けなかったという挫折経験がある。あのときの悔しさは、いまだに心の中に残っている。でも、それが日本代表監督を続ける原動力にもなっているのだ。

それまで古賀は順調なバレー人生を歩み、20歳にして代表の中心選手になった。しかし、ピークはまだ先にある。リオでの挫折がいい方向に働いてくれることを、私としては祈るしかなかった。

その後、古賀はVリーグで大活躍を続け、東京オリンピックでは押しも押されもせぬエースに成長した。自国開催のオリンピック。本人も心に期すところがあっただろう。ところが、初戦で負傷退場。チームも予選ラウンド敗退というまさかの結果に終わってしまった。

敗退したのは、もちろん古賀の怪我だけが理由ではない。ただ、彼女はエースとして誰よりも責任を感じたはずだ。他のメンバーも、それぞれ心に深い傷を負ったに違いない。新チームの発足にあたっては、そのケアを含め、慎重に事を運ぶ必要がある。

パリを目指す代表チームのエースは古賀紗理那。それは最初からはっきりしている。さらに今回は、古賀にキャプテンも務めてもらいたいと考えていた。

理由は、ひたすらエリートコースを歩んできたタイプの選手よりも、苦しい思いをしてきた選手のほうがキャプテンには向いているからだ。図らずもオリンピックでは2回連続して挫折を味わうことになってしまったが、それもプラスに働くはずだ。

もうひとつの理由はオリンピック予選の経験だ。東京2020オリンピックは開催国枠で出場したため、日本が予選に挑むのはじつに7年ぶり。予選の厳しさを知っている選手はほとんどが引退してしまった。古賀の経験と、オリンピックにかける執念がチームに目に見えない力を与えるはず。

あらゆる意味でキャプテンは古賀しかいない。古賀にキャプテンを引き受けてもらうことから、パリへの道は始まる――。

そこで私はまず古賀と会って話をしてみることにした。Vリーグのシーズンが終盤に差し掛かった2月、NECの金子隆行監督に連絡して、試合後に体育館で会う段取りをつけた。リオでのことがあるから、古賀は私に対しては複雑な思いもあるだろう。そのことも含めて率直に話をした。

「俺はおまえをリオの前に落とした。東京でも捻挫して悔しい思いをしたやろう。でも、それをパリで返そう。日本代表のキャプテンは古賀、おまえしかいない。俺といっしょにやってくれへんか」

古賀は真剣な面持ちで私の話を聞いていた。「リオのときのことはもう気にしていません」と言っていたが、キャプテンについては「少し考えさせてください」とのことだった。

数日後に返事が来て、古賀がキャプテンを引き受けてくれることになった。まずは一安心である。

その上で彼女に提案したのが、背番号を「3」に変えることだった。東京オリンピックで古賀は2番をつけていたが、その前のエース、木村沙織は3番をつけていた。じつはその前に3番をつけていたのが竹下佳江。日本女子の3番には象徴的な意味がある。また、東京オリンピックにけりをつけて、心機一転してほしいという思いもあった。

古賀は「別に背番号なんか関係ないですよ」と言っていたが、最後は私のほうから頼む形で「3番にしよう」ということになった。

キャプテンには二種類あり、言葉でチームを鼓舞するタイプと、プレーで引っ張るタイプがいる。古賀は少し口下手なところがあり、どちらかと言えば後者のタイプ。そういう意味でも木村沙織によく似ている……と思っていたのだが、古賀はキャプテンになってから大きく成長した。それについてはまたあとで述べたいと思う。

エースとキャプテン。ジグソーパズルの最初の、そして一番大事なピースが手に入った。次に私が説得にあたったのは、古賀に匹敵する才能を持つスパイカー、井上愛里沙だった。

井上愛里沙を復帰に導いたひと言

井上愛里沙は古賀より一つ年上。Uカテゴリーから将来を期待されていたのは古賀と同じだが、歩んできた選手人生はずいぶん異なる。京都の舞鶴出身で、中学は岡山県の強豪、就実に進んだ。全中（全日本中学校バレーボール選手権大会）で活躍して、そのままバレーエリートの道を進むかと思いきや、高校は地元に戻り、西舞鶴高校に進学。本人はバレーよりも医療関係を目指したかったようだ。

ただ、その才能をまわりが放っておくはずはない。２０１３年のU20世界選手権大会に唯一の高校生として選ばれ、準優勝に貢献した。その後、女子のエリート選手としては珍しく、Vリーグではなく大学進学を選び、筑波大学に入学した。U20での活躍を見て、私はリオ前に彼女を代表に登録した。ただ、A代表で活躍するのはリオよりも先、東京だろうと考えていた。

その後、彼女は東京オリンピックの強化指定選手に選ばれ、大学生としてユニバーシアード競技大会に3大会連続して出場。銀メダルを1回、銅メダルを2回獲得している。大学卒業後は久光製薬スプリングスに入団。順調にステップアップしていった。

私としては、井上は間違いなく東京オリンピックに出場すると思っていた。ところが、中田久美監督は最終メンバーから井上を外した。そこは監督それぞれの考えがあるから仕方ない。しかし、井上の失望は大きかった。もう代表はこりごり。そのシーズンのVリーグを最後にバレーも辞めようと考えていたらしい。

私はそんな事情はまったく知らず、純粋に戦力として必要だから彼女を選ぶことにした。すると、久光の酒井新悟監督から、「眞鍋さん、井上が話をしたいと言っています」と電話がかかってきた。東京でメンバーから落とされたことで、疑心暗鬼になっていると言うのだ。

そこで電話で井上と話をした。そのときも古賀同様、率直に私が思っていることを伝えた。彼女が傷ついていることは分かっていたので、まずは励ますことを第一に考えた。

「東京はもう終わったことやし、考えてもしょうがないやろ。辞めるのはいつだってできるよ。おまえはジュニアであれだけ活躍して、久光でも優勝して、得点王も取ったんだから、まだまだやれると思うよ。悔しい思いがあるのなら、パリに向けていっしょにやろう。年齢的にもパリが一番いいと思うよ」

禍福はあざなえる縄のごとし。パリを目指すチームで活躍すれば、一躍日本の救世主になれる。つらい経験をしても、ポジティブ発想に転換すればいいのだ。

ただし、その上でこう付け加えるのも忘れなかった。

「でも、おまえを最後に選ぶかどうかは分からない。それは活躍次第や。でも、俺はおまえならできると思うよ」

井上が「ちょっと考えます」と言うので、ひとまず電話を切った。

それから１週間ぐらいして、あらためて電話してみたら、「やらせていただきます。パリに向けてがんばります」と明るく言ってくれた。「よっしゃ、じゃあ、いっしょにがんばろう！」

２０２２年、新生ジャパンの初陣で、井上愛里沙は爆発的な活躍を見せることになる。

これは余談だが、井上をはじめ、林琴奈、福留慧美《さとみ》など、今回の代表には京都出身者がけっこういる。われわれ関西人にとって、京都人はちょっといけずなイメージがある。たとえば、京都の人に「眞鍋さん、よう来はったなあ。うちにあがっていって」と言われたとする。でも、「あ、そうですか」とすぐにあがってはだめなのだ。３回は断って、「それでも」と言われたら、ようやくあがってもいい。そういう暗黙のしきたりを知らないと、ただの図々しい人だと思われてしまう。

だから、冗談で「今回のメンバーは京女が多いから怖いなあ。ちょっと注意しないといけないいな」と言ったりしている。そうすると井上は、「じゃあ、京都会つくっちゃいますよ」と脅してきたりする（笑）。

バレーボールはメンタルのスポーツだ

古賀、井上と並んで、いまの日本に欠かせないアタッカーが石川真佑だ。しかし、石川も東京オリンピックの敗退で心に傷を負った選手の一人である。

石川はスポーツ一家で育ち、スポーツ選手になるべくしてなった選手だ。父親は陸上の実業団選手、母親もバスケットボールの実業団選手だった。姉と兄がバレーボールをやっていた影響で、彼女も小学生でバレーを始めた。兄は言わずと知れた男子のエース、石川祐希である。

出身は愛知県の岡崎だが、中学から親元を離れて、長野の裾花《すそばな》中学校に進学。全中で2回優勝している。さらに高校は、木村沙織ら数多の代表選手を輩出してきた下北沢成徳へ。インターハイ、国体、春高バレー（全日本バレーボール高等学校選手権大会）のすべてで優勝を経験し、卒業後はVリーグの東レアローズに入団した。

２０１９年に代表にも招集され、U20世界選手権ではエース、キャプテンとして大活躍。決勝でイタリアを破って日本に初優勝をもたらし、自身はMVPに輝いた。このときのU20（２０００～２００１年生まれ）は黄金世代で、石川のほかにも、ミドルブロッカーの山田二千華、荒木彩花、アウトサイドヒッターの西川有喜、宮部愛芽《あめ》世《ぜ》、西村弥菜美《みなみ》（現在はリベロ）らがいた。

石川は続くアジア選手権の代表（B代表）にも選ばれ、宿敵・韓国を準決勝で下し、そのまま優勝。再びMVPとベストアウトサイドスパイカーを獲得した。その活躍が認められ、中田久美監督が率いるA代表にも抜擢。ワールドカップではアメリカ戦と韓国戦でチーム最多得点をあげる活躍を見せた。

その勢いのまま、２０２０年の東京オリンピックでも大活躍……となればよかったのだが、コロナ禍で1年延期となったのはご存じの通り。初戦で古賀が負傷したこともあり、石川への期待はいやが上にも高まった。それがプレッシャーになったのか、ここぞという場面で決めきれない姿が目についた。

一番気になったのは、やはり予選ラウンドの韓国戦だ。日本が先にマッチポイントを握った場面。セッターの籾井あきが頼ったのが石川だった。連続して石川にトスを上げるが、石川が決めきれず、日本は逆転負けを喫した。もちろん、石川に敗戦の責任を押しつけるつもりはない。ただ、「あそこで石川が決めていれば……」という印象が残ったのも事実。あれ以来、彼女にはどこか負のオーラが漂うようになってしまった。

しかし、石川の才能は古賀、井上に匹敵する。さらにジャンプサーブという強力な武器を持っている。年齢的にもまだ若く、パリはもちろん、その次のロサンゼルス五輪でも日本の大黒柱になるべき選手だ。石川をどうやって再生させるか？　それは日本代表の未来を左右する重要な課題と言えた。

2022年4月、Vリーグのシーズン終了に合わせて代表候補を招集した。私が石川とじっくり話をしたのは、そのときが最初である。第一印象はとにかく真面目。いや真面目すぎる。練習に取り組む姿勢が真面目なのはいいが、行動の〝ルーティン〟がすべてきっちり決まっていて、それを頑なに守るのだ。

野球のイチロー選手が打席に入るとき、必ずバットを前に掲げて袖を引っ張る動作をしていたのを覚えているだろうか。あれがいわゆる〝ルーティン〟である。イチロー選手の影響もあり、多くのスポーツ選手がプレーの前にルーティンを採り入れるようになった。

私にも監督として守っているルーティンがある。それは朝食の時間だ。合宿のときは必ず一番乗り。6時45分から朝食を食べるようにしてきた。今回、5年ぶりにナショナルトレーニングセンターで合宿に入った初日、いきなり私を驚かせたのが石川真佑だった。

余裕を持って5分前に朝食会場に行ったら、石川が先に並んでいたのだ。こんなに早く朝食に来る選手はそれまで見たことがない。

「えっ!?　真佑、おまえ何時に来たの?」「2、3分前です」「おまえ、こんな時間に食べるのか?」「私、いつもこの時間なんです」

朝食一番乗りだけは、私も譲れない。翌日からはさらに早く行くことにした。すると、まだ石川は来ていなかった。観察していると、私が来る時間にかかわらず、石川は毎日ぴったり同じ時間に朝食に来る。話を聞いてみたら、石川の行動はすべてルーティンになっていることが分かった。まず朝起きると風呂に入る。それからストレッチ。そして6時40分には朝食。

そんな調子だから、練習のときも、試合のときも、きっちりルーティンが決まっている。スポーツ心理学でも、ルーティンを守ることで心が落ち着き、集中力が高まると言われている。

私もルーティンには効果があると思う。とくに〝間《ま》〟があるスポーツでは、メンタル面が重要。バレーボールでは、1ポイントごとにプレーが止まり、そのたびに5秒ぐらい考える時間がある。サーブを打つ前にも、レセプションの前にも時間がある。そこで思考が乱れると、プレーも狂う。バレーはメンタルに左右される部分が非常に大きいスポーツなのだ。

マイナス思考の選手にとって、〝間〟は大敵である。プレーが止まっている間に、「ミスったらどうしよう」と考えてしまうからだ。負のイメージを持つと、次のプレーではだいたいミスをする。その次のプレーでは、前のミスについて考えてしまい、さらにマイナス思考になる。

そうやって負のスパイラルに陥ってしまうと、もはやルーティンをやるだけでは復活できなくなる。監督としては選手交代しか打つ手がない。

逆に言えば、大事な試合ではプラス思考の選手を一人でも多くコートに入れるのが重要だ。第1章で紹介した江畑幸子などは典型的なプラス思考タイプ。メンタルコーチがアンケートを使って調べてみたところ、過去の代表メンバーではやはり江畑が一番プラス思考だった。

ちなみに、私もアンケートを受けてみたら、超プラス思考だということが判明した。たとえば、お祭りで「じゃんけんで勝った人にハワイ旅行をプレゼント」という企画があったとする。勝ち残ってハワイ旅行をゲットしたら、私は「俺って、なんでこんなにツイてるんだ！」と喜ぶ。逆に負けたらどう思うか？「こんなところで運を使わずにすんでよかったあ！」と喜ぶ。

バレーをやるときも、そういうふうに考えればいいのだ。練習で失敗したら、「よかった～　これが試合じゃなくて」と考える。ネーションズリーグで失敗したら、「よかった～　これがオリンピック予選じゃなくて」と思えばいい。いつも選手にはそう言って、なるべくリラックスさせるようにしている。

ところが、私がいくら「プラス思考でいこう」と言っても、最近の選手にはどうもマイナス思考タイプが多い。メンタルについて勉強したところ、どうやらバレーボールに限らず、いろんなスポーツでそういう傾向があるようだ。とくに20代の女性選手にはマイナス思考が多いと聞く。

性格の基本は20歳までに形成されるため、そのあとに思考パターンを変えるのは難しいという。われわれもメンタルコーチの渡辺英児を中心に、いろいろな対策を行っているが、思うような成果は出ていない。

私に言わせれば、プラス思考は最も手っ取り早くパフォーマンスを上げられる最高の手段だ。技術は何カ月、何年もかけて練習しないと向上しないが、気持ちは１秒で変えられるからだ。でも、マイナス思考の選手にはそれが難しいのである。

「気持ちを切り替えろ！」「プラス思考になれ！」と言うだけではなかなか変わらない。ただ、いちどの成功体験が人を変えることもある。だから、石川にも早いうちに成功体験をさせて、負のオーラを払拭してやろうと考えていた。

そんなとき、ＶＮＬ２０２２の初戦で韓国と当たることが決まった。東京オリンピックの借りを返すまたとないチャンス。石川を呼び、古賀や井上と同様、率直に話をした。

「真佑、１戦目はどこと当たるか知ってるか」「知ってます。韓国です」「おまえ、まだオリンピックの韓国戦を引きずってるやろ」「はい……」「分かった。韓国戦はスタートから出したる。今回で払拭しよう」

じつは石川は事前合宿ではあまり調子が上がっていなかった。それでも韓国戦ではがんばり、チームも３‐０で勝利した。ただ、そのあとの試合でのプレーはあまりよくなかった。そう簡単に吹っ切れるものではないようだ。

それは石川だけじゃない。ほとんどの選手が前年の東京オリンピックで自信を失っており、最初のネーションズリーグは暗中模索の状態だった。

それでも、私はとにかくプラスの話をするようにしていた。活躍した選手には、「今日はよかったなあ！」と大げさなぐらいに褒めた。悪いプレーをしても、「これがネーションズリーグでよかったなあ。世界選手権ではがんばろう」と声をかけた。まずは選手たちに自信を取り戻してもらいたかったからだ。

それにしても、石川はどうしたものか……。考えあぐねていた私は、世界選手権で窮余の一策を思いつくことになる。

シンデレラガールを探せ！

古賀紗理那、井上愛里沙、石川真佑。とりあえずチームの核となる選手は決まった。逆に言うと、最初の段階で目処がついていたのはその3人だけだった。あとはいろんな選手を試し、パズルにはめてみるしかない。

２０２２年シーズンの代表登録メンバーは39人。そのうち代表初選出は20人。私が代表を指揮するのは２０１６年以来６年ぶり。とにかくたくさんの選手を直に見て、可能性を探りたいという思いもあって多めに選んだ。

４月のキックオフの記者会見で私はこう述べた。

「わくわくしながらも緊張感があり、身が引き締まる思いです。すでにパリオリンピックまで約2年半。オリンピック予選までは約1年半しかありません。いままでに経験したことがない短いスパンで強化をしなければならないのです。昨年10月に会見をしたときにも『オールジャパン体制』と言いましたが、一致団結して難局を乗り越えていきたいと思っています。

初選出や若手、ベテランまで数多くいますが、本当に全員に期待しています。初選出された選手については、誰が世界に通用するのかを早急に検証したい。練習のときには自分のストロングポイントを前面に出してほしい」

選考にあたっては、先入観にとらわれず、とにかくいろんな選手をリストアップした。もちろん東京オリンピックのメンバーは候補になるが、U20世界選手権で優勝した黄金世代の若手も伸びてきているし、Vリーグで活躍している選手もいる。

冬の間はVリーグの試合を見て、各選手の数字を調べ、新しい選手はいないか、目を皿のようにして探した。探す範囲はV．LEAGUE DIVISION 1 WOMEN（V1）に限らない。V2の選手でも、9人制の選手でも、いい選手がいると聞けば必ずチェックする。

前回の監督時代から、各方面にアンテナを張り巡らせ、オープンに情報を採り入れるようにしてきた。たとえば、地方のママさんバレーにすごい選手がいるかもしれない。彗星のように天才中学生が現れるかも分からない。外国に住んでいる日本人でいいプレイヤーがいる可能性もある。日本でプレーしている外国人でも、帰化申請が通れば代表に入れる。日本国籍と才能さえあれば、誰でも代表に入れるチャンスはあるのだ。

あるとき、バスケットボールの関係者から、「アメリカの大学に日本にルーツを持つ背の高いバレー選手がいますよ」という話を聞いた。さっそく調べてみたところ、ウィスコンシン大学グリーンベイ校の大学院生で、小林エンジェリーナ優姫《ゆき》という選手であることが分かった。ポジションはミドルブロッカー。身長はなんと196㎝！　お母さんが日本人で、お父さんはアメリカ人。お父さんは日本でもプレーしていたプロのバスケットボール選手だ。

試合の映像を取り寄せて、プレーを確認。電話で本人や家族と話し合った上で、2023年の代表チームに登録した。ただ、合宿でプレーさせてみたところ、まだ技術的にA代表のレベルではなかった。そこで、まずはユニバーシアード代表で経験を積ませることにした。

196㎝は日本代表では歴代ナンバーワンの高身長。技術が身につけば、この高さは大きな武器になる。こういう選手をもっと発掘して育てることができれば、日本の弱点を克服できる可能性が広がるだろう。

繰り返しになるが、日本の弱点は昔も今も〝高さ〟にある。現在の代表には身長の高い選手が少ない。平均身長で見ると、ロンドンオリンピックのときが174・9㎝、リオが176㎝、東京が177・3㎝、パリの予選（2023年）が175㎝。それほど変わらないのだが、ロンドンのときは、木村沙織、荒木絵里香、大友愛、狩野舞子など、主力に１８０㎝台半ばの選手が揃っていた。いまは１７０㎝台の選手が多い。もう少し高い選手がほしいというのが、監督としての本音だ。

それにしても、なぜ大きな選手が減ってしまったのか？　もしかしたら、背の高い子どもがバレーではなくバスケットボールに流れたりしているのかもしれない。普及・育成面の構造的な問題は改善しなければならないが、それには時間がかかる。

監督である私にできることは限られているが、それでもやれることはなんでもやろうと思っている。まずはエンジェリーナのような高身長の選手を発掘したり、帰化する選手の後押しをすることだ。もうひとつは、子どもたちが憧れるスター選手を生み出し、女子バレー人気を上げることだろう。

男子バレーがここ数年で大人気になったのは、石川祐希、西田有志《ゆうじ》、髙橋藍《らん》らスター選手が出てきたのと、実力的にも世界と渡り合えるようになったのが大きいと思う。だから、女子バレーもまずは勝つことが大事だ。勝てば世間の注目が集まる。見る人が増えれば、バレーをやってみたいという子どもも増える。裾野が広がれば、背の高い選手が出てくる確率も高まる。そういう好循環を生み出す必要がある。

女子バレー人気アップ作戦

スター選手を生み出すためには、メディアの活用が欠かせない。だから、私はテレビ局のプロデューサーとも付き合い、できるだけ取材に協力するようにしている。昔は選手がちやほやされて勘違いしないように、あまり取材を受けさせないようにする指導者もいた。でも、それでは子どもたちに選手の魅力が伝わらない。

いまはＳＮＳ、とくにＹｏｕＴｕｂｅの時代だ。世界中のスポーツ選手が、プライベートも含めて自分をアピールしている。それを見て「バレー選手ってかっこいい」「私生活もキラキラしている」と感じれば、バレーボールを始める子も増えるだろう。

たとえば、古賀紗理那は男子日本代表の西田有志と結婚したが、そういうこともどんどん表に出して、いっしょに取材を受けて、幸せをアピールすればいいと思う。

石川兄妹もそうである。なぜかこれまで二人でいっしょに取材を受けることはなく、お互いのことはあまり語ってこなかった。恥ずかしいというのもあるのかもしれないが、ファンは興味があるだろうし、二人いっしょにテレビに出れば、大きな話題になるはずだ。

そこで冬にイタリアへ視察に行ったとき、石川祐希と食事をしながら話をしてみることにした。兄貴も妹同様、めちゃくちゃ真面目な性格だと分かったが、そういうところも含めておもしろい兄妹だ。ざっくばらんにいろんな話をして場が和んだところで、こんなお願いをしてみた。

「石川、おまえ日本代表のキャプテンやろう。俺はやっぱりバレーボールも、サッカー、野球のように人気スポーツにしなきゃいかんと思う。柔道の阿部兄妹もええけど、石川兄妹もすごいぞというのを、もっとメディアでアピールしてくれ。バレー界のために」

石川は「分かりました」と快くオーケーしてくれた。そこで、すぐにフジテレビのプロデューサーと相談。「ボクらの時代」という番組に兄妹揃って出演させることになった。ゲストが３人でトークを繰り広げる番組で、もうひとりは日本バレーボール協会会長の川合俊一さんにご登場願った。

「眞鍋は監督なのに、そんなプロデューサーのようなことまでやっているのか？」と疑問に思われる方もいるかもしれない。もちろん、勝つこと、オリンピックに出場することが私の最重要課題だ。一方で、女子バレーの人気を上げることも代表監督の使命だと思っている。「パリまでに男子の人気を上回る」。もしかしたらメダルを獲るより難しいかもしれないが、それも私の目標なのである。

これはいろんな方から指摘されたが、東京オリンピックの女子代表の名前を言える人が世間にどれだけいるだろうか？　古賀紗理那はバレー界では有名だが、かつての竹下佳江や木村沙織のように、老若男女、誰もが知っているスター選手とまではいかない。東京オリンピックの代表チームは、良くも悪くも監督の中田久美が一番の有名人だった。

人間は注目されると変わる。人気が出て応援されればされるほど、スポーツ選手はがんばるようになる。メディアからの取材は、世間の注目度のバロメーターだ。メディアに取りあげられて人気が出れば、選手のモチベーションも上がる。監督として、それを利用しない手はない。マスコミの力を借りて選手のやる気を引き出すのは、強化策のひとつでもあるのだ。

松平康隆さんら先人たちがテレビ局との協力関係を築いてくれたおかげで、バレーボールの大きな大会はゴールデンタイムで放送される。それに関連して特番が作られたり、情報番組で宣伝してもらえたりもする。

だから、私もテレビ局からの依頼にはできるだけ応え、選手といっしょにバラエティ番組に出ることもある。選手の名前をできるだけ多くの人に覚えてもらいたいからだ。

ただし、バラエティ番組には注意が必要だ。テレビ局としてはルックスがよかったり、キャラクターがおもしろかったりする選手を選びたがる。しかし、まだ代表歴が浅く、試合にもあまり出ていない選手を出演させたりすると、チーム内に嫉妬や軋轢《あつれき》が生じる。そこはきちんと考えて調整しなければならない。

テレビを積極的に使うメディア戦略は、今回に限らず、前回の監督時代からやってきた。ロンドン、リオ大会までの8年間は合宿中、毎日ＴＢＳとフジテレビのカメラが入っていた。私はそれを選手のモチベーションアップにも使っていた。

たとえば、調子の悪い選手がいたら、「今日はあの選手にインタビューしてくれへんか。5分でいいから」と取材に来ているスタッフにお願いする。そして、インタビュー中、「眞鍋監督が〇〇選手には期待していると言っていましたよ」と伝えてもらうのだ。そうすると、その選手は奮起する。直接言うよりも、メディアを使ったほうが効果的なこともある。コミュニケーションは使い分けが重要だ。

ロンドン五輪メンバーを「アントラージュ」に

今回、代表監督になるにあたって、私はもういちどロンドンメンバーに声をかけた。プレイヤーとしてではなく、「アントラージュ」としてバレー界のために活動してほしいと考えたのだ。

「アントラージュ」はフランス語で、「側近」「取り巻き」「関係者」といった意味がある。ＪＯＣ（日本オリンピック委員会）では「競技環境を整備し、アスリートがパフォーマンスを最大限発揮できるように連携協力する関係者」と定義している。簡単に言うと、過去にオリンピックで活躍したＯＢ、ＯＧたちに、後輩の指導、競技の普及などで活躍してもらおうというわけだ。

なるほど、これはいい発想だと思い、私はロンドンで銅メダルを勝ち取ったメンバーを女子バレーの「アントラージュ」に指名した。あらためて名前をあげると、竹下佳江、佐野優子、大友愛、井上香織、山口舞、荒木絵里香、中道瞳、木村沙織、迫田さおり、狩野舞子、江畑幸子、新鍋理沙、石田瑞穂の13人である。彼女たちが合宿や試合に来てくれれば、いくつものメリットがあると考えた。

ひとつは現役選手への指導、アドバイスだ。いまの代表選手は、ちょうど中高生の頃、ロンドンオリンピックで活躍する選手を見て憧れた世代だ。その先輩たちに指導してもらえばうれしいし、やる気も出るというもの。コーチとはまた違う立場で選手を導くメンター、モチベーターのような役割を期待した。

もうひとつは、ロンドンメンバー自身のセカンドキャリアだ。指導者になった者もいれば、解説者になったり、芸能活動をしている者もいる。しかし、選手時代のようにスポットライトを浴びる機会はなかなかないというのが現実。あれだけの才能を持った13人だ。もういちど注目される舞台に上がり、女子バレーを盛り上げる大使になってほしいと思ったのだ。実際、記者会見には全員揃って顔を見せてくれて、アントラージュの結成は新聞、スポーツニュースなどに取りあげられた。

久しぶりに13人に会ってみると、そのオーラと迫力は健在だった。いままでいろんな選手を指導してきたが、あれほど強烈な個性を持ったメンバーはいない。それに比べると、次のリオまでの4年間は穏やかなメンバーだった。では、現在はどうかというと、リオのメンバーよりも、いっそう真面目になっている。善し悪しの問題ではなく、時代の流れなのだろう。

その変化も踏まえて、コミュニケーションにもいままで以上に気を遣っている。新型コロナウイルス感染症が少し落ち着いてからは、「眞鍋会」と称して、選手との懇親会を開いた。私が新しい選手の性格を知りたいというのもあったが、選手同士にコミュニケーションをとらせる目的もあった。すでに代表歴のあるメンバー同士でも、いちど所属チームに帰って、半年後に再集合すると、なんとなくぎこちなくなってしまうからだ。そこも男子チームと女子チームの違いかもしれない。

眞鍋会では、話がしやすいように5、6人の少人数に分けて、順繰りに食事会をしている。そうすると全員ローテーションするまで7、8回は食事会をやることになるから、なかなか大変である。コーチの川北元が開いている会もあるが、昔のようにみんなでワーッと飲みに行って、大騒ぎをするようなことはなくなった。

ロンドンのときは、ガス抜きを兼ねて、ときどきカラオケに繰り出した。トップバッターは必ず竹下だ。彼女はチーム最年長で、普段は冷静なお姉さんキャラで通している。でも、カラオケでは先陣を切って、コート上での印象とはかけ離れた歌を熱唱するのだ。そうすると、若い選手たちが一気に盛り上がり、部屋中が熱気に包まれる。終わったあとは和気藹々である。竹下はそういう効果も分かった上で、あえて先陣を切って歌っていたのだと思う。トスワークだけじゃない。チームビルディングの面でも彼女の存在は大きかった。

チームワークというのは、コートの中だけで作るものではない。コートでやるのは半分ぐらい。あとの半分はミーティングや食事会でコミュニケーションをとりながら、お互いの信頼関係を高めていくのだ。

いま私は頭の中で、ロンドンからパリへ、12年の時を隔てた女子バレー復活のストーリーを描いている。ロンドンとパリの間にはドーバー海峡が横たわり、その下には海底トンネルが通っている。ロンドンの栄光のあと、日本は暗いトンネルに入ってしまった。先の見えない暗闇を歩くのは誰しも怖いものだ。でも、アントラージュがいっしょにいてくれれば、選手も勇気が湧くだろう。そして、トンネルを抜けた先には、光り輝く花の都・パリが待っている――。

そんなことを思い描きながら、アントラージュの13人に集まってもらった。彼女たちには、「時間があるときはどんどん現場に来てほしい」と言ってある。実際、合宿に来てボールを出したり、選手の指導をしてくれている。試合ではテレビの解説者やゲストも務めている。選手も先輩たちに積極的に質問をして、いろんなヒントやアイデアをもらっているようだ。

目指すは選手、コーチ、スタッフ、アントラージュ、メディア、ファン……女子バレーに関わるすべての人々の力を結集した「オールジャパン」によるチームビルディングだ。たくさんの仲間とともに、われわれはパリへと続く道を歩き始めた。

第3章
復活の狼煙

ネーションズリーグ2022
2022世界選手権

オリンピック出場権獲得のためのシナリオ

通常、どの国でもオリンピックの翌年は、新しい監督が新しい選手を起用し、チームを作っていく期間に充てる。しかし、今回は東京オリンピックが1年遅れで開催されたため、次のパリオリンピックまでの準備期間が1年少ないという特殊事情がある。

オリンピック予選が行われるのは2023年9月。つまり、2022年の春にチームを立ち上げてから予選まで1年半しかない。その間、国内リーグもあるので、代表が集まって活動できるのは実質1年。できるだけ多くの選手をテストしつつも、早急にチームを仕上げる必要がある。

もうひとつ厄介なのが、予選の方式が変わったことだ。開催国のフランスを除くと、オリンピックに出場できるのは11カ国。そのうち2023年の予選で決まるのは6カ国だ。世界ランキングの上位24カ国が3つのグループに分かれてリーグ戦を行い、それぞれの上位2カ国が出場権を獲得するという仕組みだ。

残りの5カ国は世界ランキングで決めるのだが、その仕組みが少々込みいっている。まず、どの時点の世界ランキングで決めるのか？　という問題がある。バレーボールネーションズリーグ2024の予選ラウンド終了時点（2024年6月17日）に設定されているが、ネーションズリーグにはすでにオリンピック出場を決めている国も出てくる。それらの国が主力を温存したり、全力を出さなかったりすれば、下位のチームが予想外の勝ち星をあげる事態も起きうる。そんなことはないと信じたいが、ある国とある国が結託して、世界ランキングを操作する可能性もゼロではない。スポーツの国際大会では、すべての国がフェアに戦うとは限らない。それが世界の現実だ。

しかも、世界ランキングのシステムが2020年に変更され、かなり複雑な仕組みになった。まず試合前に、それぞれのチームの世界ランキングと過去のデータから、セットカウントを含めた試合結果をアルゴリズムで計算する。その期待値と実際の試合結果とを照らし合わせて、ポイントが与えられたり奪われたりする形になったのだ。

つまり、予想通りの結果であれば、ポイントはあまり動かない。しかし、予想を覆すようなアップセットが起きた場合には、下位のチームは大幅にポイントを獲得し、上位のチームはごっそりポイントが減ることになる。

大陸ごとのレベルの差や、大会の開催地などを考慮し、できるだけ公平性を担保するために採り入れられた仕組みなのだが、非常にややこしい。そして、大きな変動が起きやすいという問題がある。

その新しいランキングシステムと、パリオリンピック本大会に向けた強豪国の思惑を考えると、2024年のネーションズリーグは非常に不確定要素が多い大会になることが予想される。その混沌とした状況を避けるためには、2023年の予選でグループ2位までに入り、いち早く出場権を獲ってしまうのがベストだ。そうすれば、本大会まで300日をかけてじっくり準備ができるというメリットもある。

それゆえ、2023年9月の予選で出場権を確保することが、われわれの最大の目標であり、プランAということになる。

とはいえ、対戦相手やチーム状況によっては、それが達成できない事態も想定しておかなければならない。2022〜23年の2年間で世界ランキング上位につけることができれば、2024年のネーションズリーグで多少のアップセットが起きても、オリンピックの出場権は獲得できる。それがプランBだ。

監督に立候補すると決めたときから、世界ランキングについてのシミュレーションを重ね、オリンピック本大会のグループ分けまで見据えた戦略を練ってきた。

2022年シーズンインの段階での世界ランキングは以下の通りである（カッコ内はポイント。小数点以下略）。

1位アメリカ（379）、2位ブラジル（366）、3位中国（350）、4位トルコ（331）、5位セルビア（306）、6位イタリア（304）、7位ドミニカ共和国（303）、8位ロシア（278）、9位日本（266）、10位オランダ（265）。

9位から一つでも二つでも順位を上げること。理想を言えば、5〜6位まで上げたい。そのためには上位チームに勝たなければいけないわけだが、まだ各国ともチームが固まっていないネーションズリーグ2022こそ、アップセットを起こす最大のチャンス。もし強豪国が主力を出してこなかったら、全力で勝ちにいく。逆に下位チームには絶対に負けるわけにはいかない。つまり、ネーションズリーグ2022では、開幕と同時にスタートダッシュをかける。それがわれわれ日本の戦略だった。

目標は、ネーションズリーグ、世界選手権ともに予選ラウンドを突破し、ベスト8に入ること。東京オリンピックで日本は10位だったわけで、いきなり表彰台、メダルと言っても現実味がない。まずはがんばれば手が届き、選手がやる気になるような目標設定にすることが重要だと考えた。

スタートダッシュに成功！

ネーションズリーグは、かつての男子のワールドリーグと女子のワールドグランプリを統合する形で2018年から始まった大会だ。世界のトップチーム16カ国が参加し、毎年初夏に1カ月以上かけて行われる。大会方式は予選ラウンド（リーグ戦）とファイナルラウンド（トーナメント戦）に分かれている。予選ラウンドでは、世界の3会場を転戦しながら12試合を戦い、その勝敗数・勝点上位7チームと開催国がファイナルラウンドに進む。

2022年の予選ラウンドは、5月末から7月頭にかけてアメリカ、フィリピン、カナダの3会場で行われることになった。

それに向け、2022年4月から5月にかけて東京のナショナルトレーニングセンターと、鹿児島の薩摩川内市で合宿し、ネーションズリーグに登録する選手25名を決めた。メンバーは以下の通りである。

S（セッター）柴田真果《みか》、宮下遥、松井珠己、関菜々巳

OH（アウトサイドヒッター）内瀬戸真実、古賀紗理那、石川真佑、井上愛里沙、金田修佳、オクム大庭冬美ハウィ、林琴奈、宮部藍梨、中川美柚、宮部愛芽世、佐藤淑乃

MB（ミドルブロッカー）島村春世、山田二千華、横田真未、小川愛里奈《えりな》、濵松明日香、平山詩嫣《しおん》、麻野七奈未

L（リベロ）山岸あかね、小島満菜美、福留慧美

ネーションズリーグでベンチ入りできるのは14名。25名の中から、週ごとに少しずつメンバーを入れ替えて戦うことにした。できるだけ多くの選手を実戦で試すためだ。勝ち星をあげつつ、選手の見極めも行う。二律背反しがちな二つの目的をどう両立させるか。監督の腕の見せどころである。

第1週の開催地はアメリカ・ルイジアナ州のシュリーブポート・ボージャーシティ。初戦の相手は韓国だ。スターティングメンバーはサーブ順に、松井珠己（S）、石川真佑（OH）、山田二千華（MB）、佐藤淑乃（OH）、古賀紗理那（OH）、小川愛

里奈（ＭＢ）、小島満菜美（Ｌ）を選んだ。硬くなりがちな初戦だが、各選手が揃っていいプレーを見せ、３－０で快勝した。

第2戦はドイツ。最初2セットを落としてしまったが、途中出場の井上愛里沙やセッター関菜々巳の活躍もあって逆転勝利。古賀の33得点も光った。

次のドミニカ共和国戦では井上をスタメンに起用。26得点、効果率37・93％という大活躍を演じてくれた。開幕3連勝。チームは波に乗った。

アメリカ大会の最終戦は、世界ランキング1位のアメリカが相手。アメリカも連勝していたが、まだベストコンディションではない。狙っていたジャイアント・キリングのチャンスがやって来た。

選手の気力も漲っていた。好調の古賀、井上が19得点をあげ、ＭＢの島村春世も7得点をあげる活躍を見せてくれた。結果的に３－０のストレート勝ち。世界ランキングのポイントを考えると、値千金の勝利である。強豪が調子を上げる前に叩き、ポイントを稼ぐ――まさに狙い通りの展開だ。

第2週はフィリピンのケソン市で行われた。ポーランド、ブルガリア、タイを相手にすべて３－０で勝利。これで開幕7連勝。スタートダッシュを狙ってはいたが、正直ここまでうまくいくとは思っていなかった。うれしい誤算である。

最後の相手は世界ランキング3位の中国。東京オリンピックはまさかの予選ラウンド敗退に終わったが、アジア最強国であることに変わりはない。これまで何度もその高い壁に跳ね返されてきた。今大会も中国は背の高い選手を揃えており、平均身長は187・9㎝。高さの面では圧倒的に不利だが、この壁を乗り越えないかぎり日本の未来はない。小よく大を制す。サーブで相手を崩し、粘り強くディフェンスする。そして、隙を見てスピードのある攻撃を仕掛ける。それで対抗するほかない。

スタメンは関菜々巳（S）、井上愛里沙（OH）、横田真未（MB）、林琴奈（OH）、古賀紗理那（OH）、島村春世（MB）、小島満菜美（L）。

第1セットはやはり高さに苦しんだ。中盤までは拮抗した展開だったが、後半に7連続失点を喫し、一気に奪われてしまった。たしかに強いチームだが、われわれも中国のことは研究し尽くし、どう対応すればいいかは分かっている。第2セットから逆襲に転じ、3セットを連取。逆転で勝利をもぎとった。またもやジャイアント・キリングだ。古賀（22得点）、井上（15得点）の活躍はもちろんだが、この勝利の立て役者となったのが、19得点をあげたオポジット（ローテーションでセッターの対角に位置するアウトサイドヒッター）の林琴奈だった。

替えがきかない選手、林琴奈

林は京都の出身。彼女も古賀や石川同様、バレーエリートの道を順調に歩んできた選手だ。中高は大阪の強豪・金蘭会で主将を務め、国体二連覇、春高バレー優勝を成し遂げている。卒業後はＶリーグのＪＴマーヴェラスに入団した。

代表にもユース年代から選ばれ、２０１５年のＵ18（ユース）世界選手権に出場している。東京オリンピックもメンバーに選ばれ、全試合に出場した。

林は１９９９年生まれで、石川よりも一つ年上。Ｕ20（ジュニア）世界選手権で優勝し、脚光を浴びた石川たちの世代に比べると、あまり注目されてこなかった印象がある。

身長も１７３㎝と小柄で、古賀や井上のように豪快なスパイクを打つわけではない。どちらかというと技巧派で、コースを打ち分けたり、相手のブロッカーを利用したプレーが持ち味だ。

林のもうひとつの特徴が守備力。レシーブのセンスが抜群で、とくにサーブレシーブはリベロよりうまい。守備範囲が広く、厳しいボールも当たりまえのように上げるから、ぱっと見には分かりにくい。だが、林がコートにいるかいないかで、守備の安定感はまったく変わってくる。

野球で言えば、西武ライオンズのショート、源田《げんだ》壮亮《そうすけ》選手のような職人タイプ。印象としては地味かもしれないが、縁の下の力持ち。彼女がいることで、古賀や井上の負担が減るという見えない効果も発揮してくれる。監督としては本当に助かる選手だ。

世界のオポジットには、守備を免除され、攻撃に特化した〝打ち屋〟タイプが多い。しかし、セッター対角に器用なタイプを入れるほうが、チーム全体が機能することもある。とくにパワーのある選手が少ないアジアの女子には、そういう戦術を採るチームが多い。林はそのタイプのオポジットとしては最高の選手だ。

唯一問題があるとすれば、林に代わる選手がいないということだ。林も人間。調子を落とすこともあれば、怪我をすることもある。監督としてはサブの選手を用意しておきたい。何度か石川にもトライさせてみたのだが、なかなかうまくいかなかった。結局1年目は、もう一枚のピースが見つからないまま終わった。ところが２０２３年、彗星のように新しい選手が現れる。それについてはまたあとで述べよう。

ちなみに、林は性格的にもおもしろいところがある。関西人で、プライベートではとにかくよくしゃべる。でも、コートでは職人の顔になり、あまり言葉を発しない。そこで私は冗談半分で、「部屋でしゃべるな、コートでしゃべれ、林琴奈」というキャッチコピーを付けた。すると、そのあとしゃべりのキレが悪くなって、プレーの調子も落ちてしまった。そこで慌てて、「林、俺が悪かった。これからは『部屋でもしゃべれ、コートではもっとしゃべれ、林琴奈』にしよう」と謝った次第だ（苦笑）。

世界のトップにあって、日本にないもの

ネーションズリーグ第3週はカナダのカルガリーに遠征した。対戦相手はオランダ、トルコ、セルビア、ベルギー。すべてヨーロッパの強豪チームだ。ここまでわれわれは

８連勝し、ファイナルラウンド進出はほぼ確実。アメリカ、中国を倒して世界ランキングのポイントも稼いだ。そこで、選手を試すというもうひとつの課題に取り組んだ。

オランダ戦のスタメンは、松井珠己（Ｓ）、宮部藍梨（ＯＨ）、山田二千華（ＭＢ）、石川真佑（ＯＨ）、古賀紗理那（ＯＨ）、濵松明日香（ＭＢ）、山岸あかね（Ｌ）。新しく宮部、濵松、山岸を投入した。試合は競った展開となり、フルセットへもつれ込んだ。途中からこれまでのメンバーも入れたが、結果的に今大会初の黒星を喫してしまった。ただ、他チームの結果により、ファイナルラウンド進出は決定した。

そこでトルコ戦以降も、いろんなメンバーの組み合わせを試しながら戦うことにした。それだけが理由ではないが、結果的にカナダ大会は４連敗で終わった。セットカウントはそれぞれ２－３、１－３、１－３、２－３。どの試合も接戦で、けっして勝てない相手ではなかった。

だが、ヨーロッパのプロ選手たちは、セットポイント、マッチポイントのここぞという場面で勝負強さを発揮する。それに対し、日本の選手は緊迫した場面でどうしても攻めきれず、ミスが出てしまう。普段から国内リーグで厳しいゲームをどれだけ経験しているか。その差が出てしまった。

もちろん、監督である私の責任もある。選手を試しながら勝つ。その両立が第３週はうまくできなかった。最終的に、われわれは８勝４敗の全体５位で予選ラウンドを終えた。

ファイナルラウンドの会場はトルコの首都アンカラ。準々決勝の相手はブラジルだ。アメリカ、中国と並ぶ世界最強国のひとつ。オリンピックや世界選手権でこれまで何度も苦杯をなめてきた。トーナメントの一発勝負でブラジルのような相手を倒さないかぎり、国際大会での上位進出は望めない。

今大会のブラジルは、予選ラウンドを10勝2敗の2位で通過してきた。ガビをはじめ、前年の東京オリンピックで銀メダルを獲った主力メンバーも来ている。新生日本の力を試す上で、これ以上の相手はいない。

スターティングメンバーは、現時点でベストの組み合わせを選んだ。関菜々巳（S）、古賀紗理那（OH）、山田二千華（MB）、林琴奈（OH）、井上愛里沙（OH）、島村春世（MB）、小島満菜美（L）。

第1セット立ち上がりはわれわれがリードし、先に20点を取った。ところが、21－15からブロックを立て続けに決められ、連続6失点で追いつかれてしまう。サイドアウトを繰り返し、デュースにもつれ込んだが、結局27－29で落としてしまった。第2セットもデュースに入り、26－28。

あとがなくなった第3セット。20－20という拮抗した状況。ここで勝負強さを発揮したのが石川だった。連続でサービスエースを決め、このセットをもぎとった。世界と戦うときに必要なのは、こういう土壇場での集中力、勝負強さだ。今大会、韓国戦以降はあまり調子がよくなかったが、やはりポテンシャルは高い。

しかし、ブラジルもギアを切り替えてきた。第４セットは14－25で一気に押し切られ、セットカウント１－３で敗北した。

第３セットまでは大接戦。どちらがセットを取ってもおかしくない展開だった。ブラジルと対等に渡り合えたという意味では価値ある一戦だったと言える。しかし、あと一歩が届かない。世界のトップにあって、われわれにないもの。一言で言えば「勝負強さ」ということになるが、そこには非常に多くの要素が含まれる。その差を埋めるのは容易ではないことも痛感した。

ただ、ファイナルラウンド進出という目標は達成した。多くの選手を実戦で試し、世界に通用するかどうかを見極めるという目的も果たせた。

アウトサイドヒッターでは古賀、井上、石川がそれぞれ持ち味を発揮した。二つのポジションをめぐってこの３人が切磋琢磨すれば、さらにレベルアップが期待できそうだ。

古賀の能力はもともと分かっていた。エースとして持てる力を充分に発揮してくれたと思う。石川も随所でいいプレーを見せたが、まだ吹っ切れていないという印象が残った。

一方、想像以上のパフォーマンスを見せてくれたのが井上だった。とくによかったのが、予選ラウンドのアメリカ戦だ。世界ランキング１位のアメリカを相手に、井上のスパイクはほぼ決まった。古賀と井上はそれぞれ19得点をあげたが、効果率は古賀の16・39％に対し、井上が22・95％と上回った。

大会前から古賀と井上には、「1セット5得点以上取ってくれ」と言っていた。スパイク、サーブ、ブロック合わせて1セット5得点。それは世界トップクラスの証しでもある。たとえば、東京オリンピックで銅メダルを獲ったセルビアにはボシュコビッチという193㎝のオポジットがいて、彼女は一人で1セット7点ぐらい取ってしまう。そこまでいかなくとも、古賀、井上の両エースが5点ずつあげてくれれば、そのセットは間違いなく取れる。

実際、アメリカ戦の3セットで、古賀は4、8、7得点。井上は7、5、7得点。まさにワールドクラスの得点力を発揮してみせた。

試合後、「日本の背番号10はすごいな。いったい何者なんだ⁉」と世界のバレー関係者は大騒ぎになった。東京オリンピックに出なかったこともあり、井上はまだ世界ではあまり知られていなかったのだ。

井上の特徴はとにかく思い切りがいいことだ。ブロックにつかれても、相手の手にパーンッと当ててブロックアウトを取る。勝負強さという面では江畑幸子に似たものを感じる。ただ、レシーブには課題があると見ていた。ところが、実戦で試してみると、想定よりもうまく守備をこなしてくれた。林や古賀などレシーブのいい選手がまわりにいることで、井上がカバーする範囲が狭まったおかげかもしれない。

井上に課題があるとすれば、好不調の波が激しいことだろう。スロースターターで、試合前半のプレーはいまひとつのことが多い。その点は本人も自覚している。逆に言えば、まだ伸びしろがあるということだ。

古賀と井上の得点力、林の守備力、石川のポテンシャルは確認できた。ただ、セッター、ミドルブロッカー、リベロについては誰がベストなのか、まだ五里霧中の状態だった。

一口に「選手を試す」と言っても、練習試合や格下の相手では真価は分からない。世界トップの国と真剣勝負をする中でしか見えてこないものがある。そういう意味では、今回のネーションズリーグは、選手を見極める上で貴重な機会になった。

また、アメリカと中国に勝ったことで、大きくポイントを伸ばし、世界ランキングは７位にまで浮上した。これも大きな成果である。オリンピックの出場権を考えると、後々「あのときの８連勝が効いた」ということになるかもしれない。

思い通りにならないから人生は楽しい——読書から学んだこと

７月中旬、ネーションズリーグを終え、トルコから帰国すると、すぐに世界選手権に向けた準備に取りかかった。２０２２年の世界選手権はオランダとポーランドの共催で、９月23日から10月15日にかけて行われる。

また、その直前の９月９〜18日には、パリ２０２４オリンピックのプレ大会が予定されていた。そのため、8月末にはヨーロッパに入らなければならない。

この年はネーションズリーグ中、コロナの影響でいちども帰国できず、1カ月半の長期遠征になった。最終的にチームはエネルギー不足でガス欠になってしまった。世界選手権の遠征では、その教訓を活かさなければならない。

＊

スポーツと遠征は切っても切り離せない。私も現役時代からずっと旅暮らしを続けてきた。チームの合宿、週末のリーグ戦、代表の国内合宿、海外遠征。年がら年中、旅に出ていて、自宅にいる日数のほうが少なかった。

代表監督になってもそれは変わらない。冬場はオフになるが、毎年、海外リーグの視察のために世界を回っている。仕事であると同時に、この視察は私にとって至福の時間。人生最大の楽しみと言っていい。

私にはこれといった趣味がない。ゴルフもしたことがないし、大好きだったお酒もいまはやめている。考えてみると、バレーが私の趣味であり、生きがいなのだろう。とにかく暇さえあればバレーの試合を見て、データをチェックし、戦術・戦略を考えている。ある意味ではバレーオタク。とにかくバレーが好きで仕方ない。

あえてバレー以外の趣味をあげるとすれば、読書になるだろうか。旅が多いこともあり、移動の間はよく本を読む。昔は遠征に何冊も本を持っていったが、かさばるし重いのがネックだった。その点、ｉＰａｄは革命的だった。電子書籍なら１００冊でも２００冊でも手軽に持ち運べる。便利なことこの上ない。試合中だけでなく、移動のときもｉＰａｄが手放せなくなった。

ただ、しばらくして気づいたことがある。電子書籍で読むと、内容が頭に残らないのだ。紙の本なら、何ページのこのあたりにこういう文章があったなと記憶している。電子書籍の場合はそれがないのである。大学の先生によると、紙の本は重みを手に感じ、指でページをめくるから頭に入りやすいそうだ。生まれたときからデジタルに接している若い世代は違うのかもしれないが、私の世代はやはり紙でないと、〝本を読んだ〟という気にならない。

それはともかく、本を読んで印象的な一文があったら、ノートに書き写すようにしている。手で書き写すと、言葉が自分の中にしっかり刻み込まれる感覚がある。

内容は人生訓や勝負哲学などが多い。スポーツをやっていれば、勝利だけでなく必ず敗北を経験する。選手はいろんなことを犠牲にして、厖大な時間を練習に捧げている。それでも報われるとは限らない。成功よりむしろ失敗のほうが多いかもしれない。それは監督も同じだ。物事がうまくいかないとき、私はノートを開き、書きためた言葉を読み返す。

「思い通りにならないから人生は楽しい」

これは野村克也さんの言葉だ。「思い通りにならないものを、創意工夫でなんとか思い通りにするのが人生の喜び、価値である」という意味だろう。究極のプラス思考だ。すべてが思い通りになったら、むしろ人生はおもしろくない。負けたときは、この言葉を思い出すようにしている。

野村さんは現役時代、キャッチャーでプレイングマネージャーを務めていた。私もセッターで選手兼監督をやっていたから、どこか通じるところがあるのかもしれない。ノートの中で一番多いのが野村さんの言葉である。いくつか引用してみる。

「失敗と書いて成長と読む」

「アマは『自分が喜ぶ』、プロは『人が喜ぶ』」

「一流になる人間は無意識にプラスの暗示をかける」

「準備とは『意識づけ』である」

「心が変われば態度が変わる。態度が変われば行動が変わる。行動が変われば習慣が変わる。習慣が変われば人格が変わる。人格が変われば運命が変わる。運命が変われば人生が変わる」

「人生最大の敵は何か。それは鈍感である」

経営者の方の言葉も、組織を率いる立場として共感するものが多い。

「世の中に失敗というものはない。チャレンジしているうちは失敗はない。あきらめたときが失敗である」（稲盛和夫・京セラ創業者）

「みんながダメだと言うから成功する」（藤田田・日本マクドナルド創業者）

「夢なき者に理想なし。理想なき者に計画なし。計画なき者に実行なし。実行なき者に成功なし。故に夢なき者に成功なし」（吉田松陰）。経営者の出発点は『夢』です」（北尾吉孝・ＳＢＩホールディングスＣＥＯ）

本だけでなく、ときにはお店のトイレなどでいい言葉に出会うこともある。そういうときは写真に撮って、あとでノートに書き写す。

「泣いても一生、笑っても一生。同じ一生なら笑っとけ」

「綺麗な花よりも、綺麗な花を咲かせる土になりたい」（嘉納治五郎）

「誰かを幸せにしたければ、まずはあなたが幸せになることだよ」

「努力する人は希望を語り、怠ける人は不満を語る」（井上靖）

「後悔は過去を変えようとすること。反省は未来を変えようとすること」（ゴッホ）

「三流は人の話を聞かない。二流は人の話を聞く。一流は人の話を聞いて実行する。超一流は人の話を聞いて工夫する」（羽生善治）

自分の経験から導き出した考えを書き出した部分もある。

「一流は決して現状に満足も妥協も限定もしない」

「天才が努力するから凄いことが起きる」

「敵を知り、己を知る。そこから『プロの戦い』が始まる」

「『不真面目な優等生』の不真面目さはちゃらんぽらんという意味とは異なる。つまり一流には〝余裕がある〟という意味である」

「『シンキングバレーボール』、つまり『考えるバレーボール』、頭を使ったバレーボールの魅力にとりつかれろ‼」

「代表監督は天命。力まず、逆らわず、心眼をもって選手を評価し起用すれば、必ず結果が出る。その結果が『実力』だと思えばストレスはなくなる」

さらに、「プレッシャーに強い人の特徴」として、こんなことをあげている。

①勝ち負けや結果を気にしすぎない。
②動揺しないために入念な事前準備を怠らない。
③「やることをやったんだから」と良い意味で開き直っている。
④人の目を気にしても仕方ないと思っている。
⑤本番で過度に実力を出そうと必死になりすぎない。
⑥緊張しても「いま緊張しているな……」と自分の状態を冷静にモニタリングしている。
⑦本番を楽しもうと努めるうちにプレッシャーそのものを忘れている。

世界のプロ選手が持っている「勝負強さ」はどこから来るのか？　それを具体的に分析すると、こういうことになるのではないか。ただ、これを日本の選手に話したからと言って、すぐに身につくわけではない。そこが指導の難しいところだ。

ノートに書き留めたこうした言葉を、ロンドンのときは竹下佳江によく話していた。そういうコミュニケーションを通じて、監督である私と、〝コート内の監督〟である竹下は思考を共有していた。それもあのチームが成功した要因だった。いまの選手たちにも折を見て話そうとは思っている。ただ、相手はZ世代の若者たち。説教だと思われないよう工夫しなければならないだろう。

ポニーテールで覚醒した石川真佑

世界選手権（世界バレー）は4年に一度、オリンピックの中間の年に開催される（※2025年からは五輪翌年と前年の2年に一度）。バレーボールがオリンピック競技になる前から行われており、バレーの国際大会としては最も長い歴史と格式を誇る。世界中のバレー選手にとって、オリンピックと世界選手権の優勝は最大の目標。もちろん、われわれにとってもこの年の最重要イベントだ。

大会に参加できるのは、開催国、前回王者、大陸ごとの選手権の上位2チーム（※アジアは大陸ランキングの上位2チーム）、さらに世界ランキング上位のチームを加えた24カ国。大会方式は、1次ラウンドと2次ラウンドがリーグ戦。その上位8チームが、3次ラウンドの決勝トーナメントに進む。

われわれの目標は2次ラウンドを突破し、ベスト8に入ること。もちろん、決勝トーナメントではひとつでも上を目指す。

春の合宿とネーションズリーグを経て、ある程度チームの骨格はできた。それをベースに7月末から8月にかけて薩摩川内とナショナルトレーニングセンターで合宿を行った。その合間には壮行試合として、「日本代表紅白戦 ミズノマッチ」を岡山と姫路で開催した。

一方、この年は8月にAVCカップも開催された。そちらは世界選手権に参加しないメンバーでチームを編成し、越谷章監督（東レアローズ）が率いることになった。

8月29日、オランダに向けて出発する直前にうれしい知らせが舞い込んだ。AVCカップを戦っていたB代表が決勝で宿敵・中国を破り、念願の初優勝を遂げたのだ。大会MVPにはセッターの柴田真果が選ばれた。われわれA代表も負けずに結果を出さなければならない。

世界選手権に向けては16名のメンバーを選んだ。ネーションズリーグを戦った選手に、怪我から復帰した籾井あきが加わった形だ。

S（セッター）籾井あき、関菜々巳
OH（アウトサイドヒッター）古賀紗理那、石川真佑、井上愛里沙、林琴奈、
宮部愛芽世、佐藤淑乃
MB（ミドルブロッカー）島村春世、山田二千華、横田真未、小川愛里奈、宮部藍梨
L（リベロ）内瀬戸真実、小島満菜美、福留慧美

宮部藍梨と内瀬戸真実はもともとアウトサイドヒッターの選手だが、それぞれの長

所を活かすため、ミドルブロッカー、リベロにコンバートして登録した。

　この16名とスタッフ陣でヨーロッパに渡り、まずはパリオリンピックのプレ大会に臨んだ。この大会は、オリンピックを開催する都市が競技施設や大会運営のテストのために行うもの。今回はちょうど世界選手権の前哨戦、テストマッチのような恰好になった。

　対戦相手は、ベルギー（当時の世界ランキング12位）、アルゼンチン（21位）、フランス（22位）、カナダ（16位）、コロンビア（17位）。ランキング的には下位チームばかりだが、ネーションズリーグではベルギーに負けている。また、アルゼンチン、コロンビアは世界選手権の1次ラウンドでも当たる相手だ。世界選手権にいいイメージで入るためにも、勝っておきたいところだ。

　結果的に予選ラウンドは5連勝。すべてストレート勝ちを収めた。決勝（順位決定戦）の相手は開催国フランス。第1セット、第2セットともにデュースにもつれこむ接戦となったが、3－1で勝利。選手の組み合わせも、試合ごとにさまざまなパターンを試すことができた。

　その結果も踏まえ、世界選手権の最終登録メンバーには、小川愛里奈（ＭＢ）と小島満菜美（Ｌ）を除く14名を選んだ。

　チーム状態は上々。1次ラウンドからスタートダッシュをかける準備は整った。唯一懸念があるとすれば、石川真佑の調子だった。

ネーションズリーグ初戦。因縁の韓国を相手に、石川はいいプレーを見せてトラウマを断ち切ったかに見えた。しかし、その後の調子はいまひとつ。プレ大会では主にリリーフサーバーとして起用し、随所でいいプレーを見せた。ただ、本来の力はまだ発揮していない。やはり精神面の問題だろう。世界選手権ではとりあえずプレ大会同様、途中交代で起用することにした。

1次ラウンド、日本（当時の世界ランキング7位）はD組に入り、オランダのアーネムという都市で試合をすることになった。対戦相手はコロンビア（17位）、チェコ（23位）、中国（4位）、ブラジル（2位）、アルゼンチン（21位）。中国とブラジルがいる厳しい組だが、6カ国中4位までに入れば2次ラウンドに進むことができる。下位のチーム相手に取りこぼさないことが大事だ。

初戦はコロンビアを相手に3－0で快勝した。スターティングメンバーは井上愛里沙（OH）、横田真未（MB）、林琴奈（OH）、古賀紗理那（OH）、島村春世（MB）、関菜々巳（S）、福留慧美（L）。井上が21得点、古賀が16得点で、1セット平均5得点を超えた。さらに、林も14得点。日本の勝ちパターンである。

2戦目の相手はチェコ。前日の試合からスタメンを入れ替え、横田のポジションに山田二千華、林のポジションに石川真佑を入れた。世界選手権は長丁場の戦い。選手の疲労や怪我、さまざまな可能性を考え、余裕のあるときにできるだけ多くの選手をコートに立たせておきたい。この試合も問題なくストレート勝ちを収めた。

そして、３戦目は中国。スタメンは現時点でのベストの布陣、１試合目と同じ形に戻した。

第1セットは一進一退。サイドアウトを繰り返しながらデュースにもつれ込んだが、競り負けて26－28。第2セットは中国の勢いに圧倒され、17－25。第3セットは粘り強く戦い、石川のサービスエースで25－24とセットポイントを握った。だが、そこで決めきれず27－29。終わってみれば０－３のストレート負け。やはり世界選手権になると、トップチームはギアを上げてくる。ネーションズリーグとは選手たちの目の色が違う。

この試合、敗戦以上に痛かったのが、古賀のアクシデントだ。第3セットの途中、ブロックからの着地時に転倒。右足首を捻挫してしまったのである。東京オリンピックの悪夢の再来。思わず天を仰いだ。幸い重症ではなかったが、当面は戦列を離れざるをえない。

大会はまだ序盤。ここでエースとキャプテンを同時に失ってしまったダメージはあまりにも大きい。しかし、次は中1日でブラジル戦が待っている。途方に暮れている暇はない。古賀の穴を埋められる力を持つのは石川だけだ。なんとかして彼女に巣食う負のイメージを取り払わなくてはいけない。何かいい方法はないものか……。

ホテルの部屋に戻り、考えあぐねていたとき、ふいにひらめいた。

「髪型だ！」。私は女性のヘアスタイルのことがさっぱり分からない……というのはすでに述べたとおり。そのことでたびたび女性からヒンシュクを買ってきた。逆に言えば、それだけ女性は髪型を大切にしているということだ。失恋したときは髪型を変えて心機一転するという話もよく聞く。

イチかバチかだが、これしかない。私はすぐに石川を呼んだ。

「古賀が捻挫してブラジル戦に出られない。スタートは真佑、おまえでいく。でも、このままじゃ活躍できないと思う」

石川は神妙な顔で聞いていた。

「でも、ひとつだけ変われる方法がある。おまえも活躍したいやろ？」「はい」「俺を信用するか？」「はい」「じゃあ、髪型を変えろ」「は⁉」「ヘアスタイルを変えろ」「え⁉」「俺を信用しろ。髪型を変えれば必ず活躍できる。ポニーテールにしろ」「ポニーテール、ですか……」

石川は怪訝な顔をしていた。でも、真面目な彼女は「分かりました」と言って引き上げていった。ポニーテールと言ったのは、女性の髪型で私が唯一知っているのがポニーテールだったからだ（苦笑）。

髪型を変えれば活躍できる――確信があったわけではない。ただ、何かを変えなければいけないことだけははっきりしていた。彼女の心のモヤモヤを取り払うには、ある種の暗示も必要。そこで、「絶対活躍できるから信用しろ」と断言したのだ。

練習のときはいままでと同じ髪型だったが、試合会場に入ると石川は変身していた。

ポニーテールを三つ編みにしたような、見たことのない髪型になっていた。まわりの選手やスタッフはみんな「かわいい」と褒めている。私は心の中で『キン肉マン』に出てくるラーメンマンみたいやなあ」と思っていたが、もちろん口には出さなかった。

ブラジル戦のスターティングメンバーは、石川真佑（OH）、横田真未（MB）、林琴奈（OH）、井上愛里沙（OH）、山田二千華（MB）、関菜々巳（S）、福留慧美（L）。古賀の代わりに、井上をゲームキャプテンに指名した。

全員で古賀の穴を埋め、この難局を乗り切ろう――そんな気持ちがチームに横溢している。ロンドンオリンピックの前のような〝見えない力〟が発動しようとしていた。

試合はいきなり石川のサービスエースでスタートした。序盤はブラジルにリードされたが、中盤以降、落ち着いて得点を重ね、第1セットを25－22で取った。第2セットも25－19と連取。第3セットはブラジルの反撃を受け、17－25で落とした。それでもひるむことなく、石川のサーブ、井上のバックアタックを活かして攻める姿勢を貫いた。

そして迎えた第4セット。マッチポイントでトスはレフトの石川に上がった。ブラジルのブロックは2枚。壁のようにそそり立っている。しかし、石川は落ち着いて相手の動きを見ていた。東京オリンピックの影はもうない。相手の手にうまく当てて、ブロックアウトを取った。25－20。セットカウント3－1。

サブの選手がコートに駆け込み、歓喜の輪が広がる。観客席では、松葉杖をついた古賀がスタッフとハイタッチを交わしている。ブラジルに勝ったのは、２０１７年のワールドグランドチャンピオンズカップ以来5年ぶり。世界選手権ではじつに40年ぶりの勝利だった。ずっと勝てなかった最強軍団をついに倒した。しかも、世界選手権という大舞台で。この意味はとてつもなく大きい。

選手個々の数字もよかった。井上はなんと27得点。石川はそれに次ぐ18得点をあげた。さらに、林が16得点、ミドルブロッカーの山田が8得点。アタッカー陣をうまく使い分けた関のトスワークも冴えていた。リベロの内瀬戸と福留も、それぞれサーブレシーブ、ディグで安定したプレーを見せた。チームが一丸となって摑んだ勝利である。

髪型を変えることについて、石川が心の中でどう思っていたのかは分からない。本当に暗示にかかったのかもしれないし、監督から突拍子もない指示を受けて、逆にプレッシャーが抜けたのかもしれない。いずれにせよ、石川はこの試合で覚醒した。東京オリンピックの足枷から解放され、自由に羽ばたき始めた。

ところが、この話にはまだ続きがある。世界選手権が終わり、代表チームは解散。選手たちは所属チームに帰り、Vリーグが始まったある日のこと。東レの試合をテレビで見ていたら、スタッフから電話がかかってきた。

「眞鍋さん、東レ、見てますか？」「見てるよ。なんで？」「石川が髪をショートにしてますよ！」「え!?」

よく見たら、確かに髪型が変わっている。

「あんなに短くしたら、この先しばらくは髪型の変えようがないですよ。次またスランプになったらどうしましょう？」

どうしようもなにも、あれはイチかバチかの非常手段。これ以上は、私にも打つ手がない。女性の髪型というのはつくづく難しいものである（苦笑）。

日本の新兵器「マッハ」と「ジェット」

ブラジル戦の勝利で、世界選手権2次ラウンドへの進出は確定した。ただ、3次ラウンドへの進出は、1次ラウンドと2次ラウンドの通算成績で決まる。1試合、1セットもおろそかにはできない。最後のアルゼンチン戦に向けて、もういちどチームの手綱を引き締め直した。

この試合から古賀はベンチに戻ったが、まだ試合に出せる状態ではない。ブラジル戦に続き井上を中心としたメンバーで戦い、きっちりストレート勝ちを収めることができた。

1次ラウンドの結果は4勝1敗。勝敗は中国、ブラジルと並んだが、セット率の差で1位中国、2位日本、3位はブラジルとなった。

10月4日、2次ラウンドが始まった。2次ラウンドは、1次ラウンドを勝ち上がった16チームがE組とF組に分かれてリーグ戦を戦う。日本はE組に入った。試合会場はオランダのロッテルダムだ。

対戦相手は、A組から勝ち上がってきたベルギー（当時の世界ランキング11位）、イタリア（2位）、プエルトリコ（17位）、オランダ（10位）。その4試合と1次ラウンドの5試合の結果を合計して、8チーム中4位までに入れば、目標の3次ラウンドに進出できる。

2次ラウンド初戦の相手はベルギー。オリンピックのプレ大会ではストレート勝ちを収めたが、最近力をつけてきている油断できない相手だ。とくにブリット・ヘルボッツという大砲には注意しなければならない。

スターティングメンバーは、関菜々巳（S）、石川真佑（OH）、山田二千華（MB）、林琴奈（OH）、井上愛里沙（OH）、島村春世（MB）、内瀬戸真実（L）。第1セットは警戒していたヘルボッツにやられ、21‐25で落とした。ヘルボッツは一人で9得点をあげる暴れぶり。世界には恐ろしい選手がいるものだ。

流れを変えるべく、第2セットから古賀と宮部藍梨を投入した。古賀は怪我を負った中国戦から中5日。思ったよりも早く戻ってきてくれた。本人の強い気持ちもさることながら、懸命に治療とリハビリに当たってくれたドクター、トレーナーのおかげである。

古賀、宮部の活躍で、第2セットは25‐20で奪い返した。その勢いで第3、第4セットも連取し、セットカウント3－1で勝利。2次ラウンドも白星でスタートした。次の相手イタリアは、先のネーションズリーグでブラジルを倒して優勝。勢いに乗っている。手強い相手だ。

2日続けての試合となったため、大事をとって古賀は休ませたが、前日好調だった宮部藍梨（ＭＢ）をスターティングメンバーに入れた。それが当たり、第1セットを25－20で先取した。

ところが第2セット以降、イタリアにペースを握られてしまう。途中交代で宮部愛芽世を入れるなどして打開を図ったが、流れを変えることはできず。結局3セットを連取され、1－3で敗戦。今大会2敗目。この段階で日本はE組4位。これ以上の負けは許されない。

第3戦は中米のプエルトリコが相手。この日も古賀は温存し、第3セットのみ途中交代で出場させた。また、リベロはこれまで内瀬戸と福留をサーブレシーブとスパイクレシーブで使い分けていたが、この日は福留ひとりに任せた。イタリア戦のショックを引きずることなく、チームは再び勢いを取り戻し、3－0で勝利した。

2次ラウンド最後は、開催国オランダとの一戦。他チームの結果によって、試合前に3次ラウンド進出は決定していた。とはいえ、世界ランキングを考えると、下位のチームを相手に負けるわけにはいかない。しかも、オランダは高身長の選手が揃う難敵。油断は禁物だ。

3次ラウンドに向けて、この試合も古賀は温存。第2セットのみ交代出場させた。古賀が怪我をして以降、石川を入れたローテーションはうまく機能している。相手の高さには手こずったが、終わってみれば3-0のストレート勝ち。

1次、2次ラウンド通算で7勝2敗、E組3位で3次ラウンドに進出することになった。全体の順位を整理すると、E組は1位イタリア、2位ブラジル、3位日本、4位中国。F組は1位セルビア、2位アメリカ、3位トルコ、4位ポーランドである。

3次ラウンドからはトーナメント戦。準々決勝の相手は、またもやブラジルに決まった。どうもブラジルとは浅からぬ因縁があるようだ。

*

ここまで世界を相手に互角以上の戦いができているのは、日本の誇る高速バレーがうまく機能しているからだ。とくにコート中央からの速いバックアタック、「マッハ」と「ジェット」が効いている。

近年、女子バレー界でもフィジカルの強化が進み、日本でもバックアタックを打てる選手が増えてきた。バックアタックは、背の低い日本チームにとって有効な武器である。なぜなら、世界の高いブロックの前では、通常のアタックよりもバックアタックのほうが決まりやすいからだ。

スパイカーが前衛から打つ場合、至近距離で相手のブロッカーと正対することになる。すると、背の高いブロッカーは上からガバッとかぶせるように囲んでくる。それに対し、バックアタックはネットから離れたところから打つため、相手ブロッカーとの間に距離がある。ブロッカー側はスパイカーをマークしにくく、スパイカー側は離れた位置からブロックを見てコースを打ち分けることができる。迫田さおりが通常のスパイクよりもバックアタックを得意としたのは、ある意味、理に適ったことだったのだ。

さらにバックアタックの効果を高めるため、われわれは攻撃に入るテンポを上げることにした。目標はセッターがトスを上げてから、アタッカーが打つまでの時間を1秒以内にすること。

この超高速バックアタックを、私は「マッハ」「ジェット」と名付けた。セッターが前方（レフト側）にトスを上げるバックアタックが「マッハ」、セッターが背後（ライト側）に上げるのが「ジェット」である。これによって、相手ブロッカーはますます的を絞りにくくなる。

バックアタックの高速化に挑んだのには、もうひとつ戦術的な理由がある。いま世界では、男子顔負けのジャンプサーブを打つ選手が増えている。そういう強烈なサーブをセッターが構えているところにピタリとAパスで返すのは難しい。サーブレシーブが乱れてBパスになると、セッターは移動してトスを上げることになる。

その場合、ミドルブロッカーを使ったクイック（速攻）は使いにくく、どうしてもサイドのオープン攻撃に頼らざるをえない。すると、相手はブロックにつきやすくなる。

　では、サーブで攻め込まれ、クイックを封じられた場合、どうすればいいのか？　その答えがマッハとジェットなのである。サーブレシーブが多少乱れても、バックアタックなら打てるという場面がある。そのテンポを1秒以内にできれば、バックアタックが従来のクイックの代わりになるのだ。そのオプションを持っておくことで攻撃にバリエーションができ、相手のブロッカーを惑わせることができる。

　この攻撃法は、前回の代表監督時代に考案したシンクロ攻撃の発展形とも言える。両サイドのオープン攻撃、ミドルブロッカーのクイック、後衛からのバックアタック。4人のアタッカーのタイミングを合わせるだけでなく、いまの代表ではそのテンポを限りなく速くすることに挑戦している。マッハとジェットは、その高速シンクロ攻撃の切り札というわけだ。

　実際、ネーションズリーグではマッハとジェットが非常に有効だった。対戦国の監督たちも、「あのスピードは何なんだ⁉」と驚いていたほどだ。攻撃に入るスピードでは、現在日本が世界一と言っていい。

　日本には速いバックアタックがある――そう印象づけておいたことで、世界選手権では相手のミドルブロッカーがたえず中央を警戒するようになった。そうなればしめたもの。今度はサイドに速いトスを送ればいい。相手ミドルブロッカーはサイドへの移動が遅れ、2枚ブロックの間にカンチャン（隙間）ができる。アウトサイドヒッターはそこを打ち抜くのだ。

言葉で説明すると簡単そうに聞こえるかもしれないが、ここまで速いテンポでコンビを合わせるのは容易ではない。セッターとアタッカーは合宿で気が遠くなるほどの反復練習を行ってきた。海外の監督は「日本人はコレクティブな（集合的な）戦術が得意だ」と言うが、私に言わせれば、すべて努力の賜物である。高さとパワーの不足を補うために、必死でスピードとコンビを追求してきたのだ。

しかも、その非常に高度なコンビネーションを、代表の活動期間の半年で仕上げなければならない。監督にとっても至難の業だ。

マッハとジェットについては、世界選手権中に課題も見えてきた。あらかじめサインを出せるサーブレシーブからの攻撃では合うのだが、ラリー中は精度が落ちてしまうのだ。ラリー中は相手の邪魔も入るし、味方のポジションもずれている。その中で咄嗟に判断し、声かけやアイコンタクトでマッハとジェットを繰り出すのだが、なかなかタイミングが合わない。

また、相手のリベロも警戒しているから、少しでもテンポが遅くなったり、コースが甘くなったりすれば拾われてしまう。

マッハとジェット、そして高速シンクロ攻撃は日本が誇る武器だ。ただ、両刃の剣でもある。スピードを上げれば上げるほど、わずかな誤差がミスにつながる。ナイフの刃のように切り立った山の稜線を歩いているようなものだ。そこを歩かなければ世界の頂に立つことはできない。しかし、一歩間違えれば崖下への転落が待っている。その問題に突き当たったのが、まさに世界選手権の準々決勝だった。

世界の壁を打ち破るために

世界選手権の準々決勝は10月11日、オランダのアペルドールンという都市で行われた。2次ラウンド終了から中1日。これまで9試合を戦い、その前にはオリンピックプレ大会もあった。日本を出発してからはすでに43日が経っている。当然、疲れは溜まっている。しかし、その中でも「絶対に勝つ」という意志を持ち続けられるチームだけが、メダルを手にすることができる。

今大会の目標、ベスト8はすでに達成している。ここから先は、日本がオリンピックでメダルを目指せるチームなのかどうかを占う戦いになる。ロンドンのときは2年前の世界選手権で銅メダルを獲っている。その自信がオリンピックの苦しい場面で選手たちの支えになった。

東京オリンピックの惨敗からスタートした今回の代表チーム。選手たちは必死でがんばり、ここまで這い上がってきた。できることなら、もういちどジャイアント・キリングを起こし、自信をつけてほしい。

対戦相手のブラジルには１次ラウンドで勝っている。しかし、予選リーグと決勝トーナメントはまったくの別物。いちど乗せてしまったら、ブラジルを止める術はない。第１セットの入りから全力で先制攻撃をして、主導権を握る。それがわれわれの戦略だった。

スターティングメンバーは、石川真佑（ＯＨ）、島村春世（ＭＢ）、林琴奈（ＯＨ）、井上愛里沙（ＯＨ）、山田二千華（ＭＢ）、関菜々巳（Ｓ）、福留慧美（Ｌ）。今回も古賀はベンチスタート。ここぞという場面で投入することにした。

滑り出しは狙い通り。井上、林のアタック、石川のジャンプサーブが炸裂し、序盤からリード。第１セットは25－18で奪った。続く第２セットも先行し、25－18で連取。プラン通り、ブラジルを追い詰めることに成功した。

第３セット、あとがなくなったブラジルはメンバーを替え、猛反撃に出てきた。想定はしていたが、なかなか勢いを止められない。こちらも途中で古賀を投入。バックアタックで逆襲するが、逆転には至らず。22－25でこのセットを落とした。

勝負の行方は次のセットにかかっている。第４セット、先に流れを摑んだのはわれわれだった。山田のクイックや、林のサービスエースが決まり、５－２とリードした。今大会、ミドルブロッカーの山田二千華は好調で、この試合ではブロックで７得点、合計19得点をあげる活躍。ミドルブロッカーの得点力不足が弱点だった日本に、新たな可能性を見せてくれた。

ところが、第4セットの中盤、ブラジルのエース、ガビがゾーンに入ってしまった。第1～3セットまでは3、6、4得点だったのだが、この第4セットは10得点をあげてしまうのである。われわれも粘りに粘り、セットポイントを握られてから、山田がブロード攻撃、ブロックを決め、デュースに持ち込んだ。しかし、最後は石川のスパイクがブロックされ、25－27。

セットカウント2－0まで行きながら、結局フルセットに持ち込まれてしまった。こうなると流れはブラジルである。第5セット、選手たちは懸命に戦ってくれた。しかし、最後はブラジルの底力、経験値、勝負強さが上回った。13－15でゲームセット。ネーションズリーグに続き、またもブラジルの壁に阻まれ、ベスト8で敗退することになった。

惜敗と言えば惜敗。あと一歩のところまでブラジルを追い詰めたとは言える。しかし、あと一歩が遠い。

振り返ってみると、われわれが1次ラウンドにピークを合わせていたのに対し、ブラジルは決勝戦まで見据えた上で、大会後半に調子が上がってくるように戦っていたのかもしれない。メダルの常連チームならではの戦い方だ。とてもじゃないが、われわれにはそんな余裕はない。

その後、準決勝ではイタリアとブラジル、セルビアとアメリカが当たり、ブラジルとセルビアが決勝に勝ち上がった。決勝戦ではセルビアのティヤナ・ボシュコビッチが大爆発。一人で24得点を叩き出し、ブラジルを粉砕。3－0の圧勝だった。セルビアは前回2018年に続き、世界選手権2連覇である。

最終順位は1位セルビア、2位ブラジル、3位イタリア、4位アメリカ、5位日本、6位中国、7位ポーランド、8位トルコ。

最後はブラジルとの差を思い知らされたが、1次ラウンドで勝ったことについては、素直に選手たちを褒めたい。

1カ月半にわたる長い遠征の間、いろいろなことがあったが、選手にとってはすべて貴重な体験になったと思う。コートの中だけではない。海外で生活していると、さまざまなカルチャーギャップを経験し、日本で常識と思っていたことが、必ずしも世界では通用しないことに気づく。そこから人間として学び、成長し、強くなる。それは間違いなくバレーボールにも生きる。

世界選手権のあと、井上愛里沙はフランスリーグのサン＝ラファエルに移籍した。きっと多くのことを学び、さらに成長して帰ってきてくれるだろう。

ちなみに、今回の遠征で私は個人的に大失敗をしてしまった。私が酒好きなのはすでに話したとおり。ただ、日本では糖質の多いビールは避けて、焼酎を飲むようにしていた。ところが、オランダには焼酎がない。そこで仕方なくビールを頼んだのだが、飲んでみるとオランダのビールはじつに美味い。ホテルの下のバーで1カ月半、毎日ビールを飲んでいたところ、帰国するときには過去最高の体重になってしまった。当然のように健康診断の数値も悪化。それで禁酒することになってしまったのである……。

＊

１年目のシーズンを振り返ってみると、結果は総じてポジティブなものだったと思う。ネーションズリーグ、世界選手権ともに、ベスト8という目標を達成した。とくに世界選手権では、古賀の負傷というアクシデントをチームが一丸となって乗り越えてのベスト8である。

東京オリンピックで負ったネガティブなイメージを払拭し、選手たちは自信を取り戻したと思う。なんといっても世界トップレベルのアメリカ、ブラジル、中国に勝ったのだ。幾百の言葉より、選手にとっては勝つことが何よりの薬になる。

技術面で見ると、世界選手権ではチームとしてのスパイク効果率が初めて30％を超えた。前回監督を務めた8年間でも30％を超えることはなかったので、この点は高く評価したい。シンクロ攻撃、マッハとジェットに加え、「失点を少なくする」という目標が選手に浸透した結果だ。チームとしての進化の方向性が正しいことを、あらためて確認することができた。

私自身は選手を見極めながら勝つという難しい課題に取り組んだが、これもおおむねうまくいったと思う。選手のテストは終わり、古賀、井上、石川、林、山田、関といったチームの柱となる選手が見えてきた。

2022年は「Breakthrough」をチームスローガンに掲げていたのだが、世界の壁の突破口を見いだすことができたと思う。

もちろん課題もある。ネーションズリーグでは前半8連勝しながら、後半は5連敗。好不調の波が激しかった。

技術面で言うと、相手の強いサーブで崩され、Bパスになったときにコンビが合わないという問題があった。

逆に言えば、こちらももっとサーブを強化しなければいけないということだ。いま世界のバレーのトレンドは、「いかにサーブで攻めるか」にある。強いサーブで相手の守備を崩し、攻撃を単調にさせて、ブロックで仕留める。あるいは、スパイクレシーブをAパスでセッターに返し、アタッカーが決める。それによって連続ポイントを奪い、試合展開を有利に運ぶのだ。

高さで劣る日本が世界と戦う場合、サーブで攻め、相手を崩すことは絶対条件だ。今シーズンもサーブの強化に取り組み、一定の効果は出た。ただ、世界選手権を戦ってみて、もっとサーブ力を強化しなければ世界とは戦えないことが分かった。とくに3セット目以降、追い込まれると、どうしてもサーブが弱くなってしまう。メンタルも含めたサーブの強化が来シーズンの目標になる。

課題は多く、残された時間は短い。しかし、「思い通りにならないから人生は楽しい」のだ。課題が多いということは、伸びしろも大きいということだ。

2022年のシーズン終了時点の世界ランキングは次のようになった。

1位セルビア（393ポイント。※小数点以下略）、2位イタリア（391）、3位ブラジル（381）、4位アメリカ（354）、5位中国（338）、6位日本（316）、7位トルコ（299）、8位ロシア（278）、9位ドミニカ共和国（262）、10位ポーランド（252）。

われわれは世界ランキング6位に躍進した。狙い通り、いやそれ以上の成果をあげることができた。

2023年はいよいよオリンピック予選イヤー。予選の日本開催が決まり、われわれはホームアドバンテージを得て戦えることになった。是が非でも、そこでオリンピック出場を決めたい。

第4章 パリへの道

2023年5月　ネーションズリーグ2023

オリンピック予選イヤーの幕開け

２０２２－23年の冬。代表はオフシーズンだが、選手たちはVリーグや海外リーグで戦いながら、各々の課題に取り組んでいた。

われわれスタッフも休んでいる暇はない。1年目のネーションズリーグ、世界選手権のデータをあらためて分析し、来るべき新シーズンに向けての課題を洗い出す作業に追われた。一方で、国内リーグ、春高バレーなどの試合をチェックし、新戦力の発掘にも力を入れた。私は例年通り、海外リーグの視察にも出かけた。

２０２３年の最大の目標は、パリオリンピックの出場権を獲得することだ。9月の予選にベストメンバー、ベストコンディションで臨む。それを最優先に考え、年間計画を立てた。

まず3月までに代表登録メンバーを選び、4月にリーグ戦が終わった選手から、ナショナルトレーニングセンターに集合。合宿に入る。

5月から7月にかけてはネーションズリーグを戦いつつ、オリンピック予選のメンバーを固めていく。

8月は再び合宿。予選の最終メンバーを絞りこみ、対戦国に応じた実戦的な練習を行う。そして、9月16日から「パリ五輪予選／ワールドカップバレー２０２３」に臨む。

この年はその前後に、アジア女子選手権大会とアジア競技大会もある。日程が立て込むため、それらの大会に出るチームはオリンピック予選に参加するメンバー以外で編成。それぞれ金子隆行監督（NECレッドロケッツ）、吉原知子監督（JTマーヴェラス）が率いることになる。世界ランキングのポイントを考えると、アジア相手に取りこぼすわけにはいかない。すべての大会、すべての試合が重要。B代表にもがんばってもらわなければならない。

＊

3月17日、スイスのローザンヌでパリオリンピック予選の組み合わせ抽選が行われた。予選は世界ランキングの上位24カ国が8チームずつ3組に分かれ、総当たり戦で行われる。出場権を獲得できるのは各組上位2チーム。試合会場はA組が中国、B組が日本、C組がポーランドだ。われわれはホーム開催というアドバンテージを持つが、問題は対戦国である。固唾を呑んで抽選を待った。

結果は、まさかと言うべきか、やはりと言うべきか、またもやブラジルと同組になった。この壁を乗り越えないかぎりオリンピックはない――バレーボールの神様がそう言っているのかもしれない。

B組に入ったのは次の8カ国である。日本（当時の世界ランキング6位）、ブラジル（3位）、トルコ（7位）、ベルギー（11位）、ブルガリア（16位）、プエルトリコ（17

位)、アルゼンチン(22位)、ペルー(26位)。

ブラジルだけでなく、ヨーロッパの強豪、トルコ、ベルギーとの戦いも間違いなくタフなものになる。とくにトルコには、キューバから帰化したメリッサ・バルガスという194cmの大砲が加わった。要注意の相手である。

1992年のバルセロナ以降、日本代表はオリンピックの1年前に出場権を獲得できていない。それだけ難しいミッションということだ。でも、ここで出場権を獲れば、本大会まで300日を準備期間に充てられる。前の章でも述べたように、それを目指すのがわれわれのプランAである。

3月27日、2023年度の代表登録選手を発表した。メンバーは全部で40名。そのうち初選出は12名である。

中でもメディアやファンの間で話題になったのが、高校1年生の秋本美空《みく》(共栄学園高校)だ。母親はロンドンの銅メダリスト、大友愛である。大友の子がもう高校生。月日が流れるのは早い。いきなりA代表とはいかないだろうが、才能も身長(183cm)も母親譲り。未来の日本を背負う有望なアタッカーである。

育ち盛りのせいか、美空は本当によく寝る。合宿中、午後3時からコーチとの個人練習を予定していたのに、昼寝していて寝過ごし、7時に来たことがあった。大物すぎて驚いた(笑)。

もうひとりは、第2章でも紹介した小林エンジェリーナ優姫《ゆき》だ。大学院卒業後はアメリカでの就職を予定していたが、今回の代表入りを機にプロ選手になることを決意。２０２３－24シーズンからヴィクトリーナ姫路でプレーすることになった。

ベテランで注目を集めたのが、リオオリンピックで主力として活躍した長岡望悠《みゆ》である。リオのあと、何度も膝を故障し、復帰は絶望と思われていた時期もある。それでも腐ることなくリハビリを続け、Vリーグの久光スプリングスで復活を遂げた。貴重な左利きのオポジット。かつてのプレーが戻っていれば、林琴奈の替えとして、切り札的存在になるかもしれない。

サーブ強化の「タスクフォース」を結成

5月8日、「バレーボール女子日本代表チーム キックオフ記者会見」を開いた。会見では今年の目標と活動計画を説明し、代表メンバーとスタッフのお披露目を行った。ちょうどこの日は井上愛里沙の28歳の誕生日。記者会見の途中、サプライズで大きなバースデーケーキが贈られるという楽しい一幕もあった。

今年の目標として掲げたのは、言うまでもなくオリンピックの出場権獲得。もうひとつは、ネーションズリーグで前年を上回るベスト4に入ることだ。

２０２３年度のチームスローガンは「ＯＶＥＲＴＡＫＥ」とした。「追い抜く」という意味だ。昨年は世界に追いつき、突破口を開くべく「Breakthrough」がスローガンだった。今年はその先、世界を越えることを目指す。

また、会見の席上、サーブ強化の「タスクフォース」を結成したことも発表した。タスクフォースというのは、もともとは軍事用語。軍隊が特定の任務を遂行するために組むチームのことを言う。最近はビジネスの世界でもよく使われ、緊急性の高い問題の解決のために、部署を横断して作るチームのことを指す。

サーブは、われわれにとって昨年から大きなテーマだった。ネーションズリーグ、世界選手権のデータを分析してみたところ、他のチームに比べてサーブミスは少なかったが、相手にAパスを返されてしまう率が高かった。そうなると、相手のアタッカーに万全の状態でスパイクを打たれてしまう。

身長が高くブロック力のあるチームなら、それでもなんとかなるだろう。しかし、高さのないわれわれとしては、できるだけサーブで相手を崩し、相手の攻撃を弱めた上でブロック、レシーブに入りたい。

とくに終盤の緊迫した場面ではサーブが弱気になりがちだ。勝負所でいかに強いサーブを打てるか。そこがポイントだ。

サーブをテーマに掲げたのには、もうひとつ理由がある。東京オリンピックを見ていて、気になるチームが二つあった。男子のフランスとアルゼンチンである。両チームとも、平均身長は出場国の中でも下のほうだった。ところが、その2チームが金メダルと銅メダルを獲得したのである。

なぜそんなことができたのか？　試合の映像とデータを徹底検証する中で見えてきたのがサーブだった。フランス、アルゼンチンともに、先発の6人が全員ビッグサーバー。サーブで相手を崩し、高さを封じてから反撃していたのだ。

まさに日本女子が目指す「小よく大を制す」のお手本。その第一歩はサーブにあり――というわけだ。

オリンピック予選、そして、その先のパリオリンピック本番を見据えると、サーブの改善は急務。そこで各分野のプロフェッショナルを集めてタスクフォースを組むことにした。

リーダーは私、眞鍋政義。メンバーはサーブコーチの川北元、ストレングスコーチの油谷浩之、木下恒司、監督付特命戦略コーディネーターの渡辺啓太、アナリストの塩川健吾、上原伸之介、メンタルコーチの渡辺英児。さらにバイオメカニクスの専門家、九州産業大学の増村雅尚教授、アントラージュの竹下佳江、大友愛、荒木絵里香、中道瞳にも加わってもらった。計13名で徹底的にサーブを研究し、強化していく。

サーブは基本的に個人技。バレーという競技の中で唯一、誰にも邪魔されず、自分のタイミングで打てる。本来はやりやすいプレーのはずだ。ところが、得点差や試合の流れ、「入れなきゃ」というプレッシャーなど、いろんな意識が働いて、弱気になったり、ミスをしたりする。考える間《ま》が悪い方向に働くのだ。メンタルが占める部分が非常に大きいため、心理学的アプローチが重要になる。

また、全体的に球速を上げる必要もある。相手コートのエンドラインぎりぎりまで伸びるようなスピードサーブがもっとほしい。そこで、増村教授には一人ひとりの映像を撮りながら、バイオメカニクス的に動きを解析してもらうことにした。それと連動して、筋力面の強化も欠かせない。トレーナー陣にもサーブの視点からトレーニングの見直しをしてもらう。

もちろん戦術的な工夫、駆け引きも大事だ。相手のどの選手を狙い、どういうコースに打つのか。相手選手の間を狙ったり、前後に揺さぶったり、正面でレシーブさせないようにしなければならない。とくに身長が低い選手は、どうしてもボールの軌道が「下から上」になるため、コースの工夫が必要だ。

アントラージュには、元選手の立場から実践的なアドバイスをしてもらうことにした。竹下、中道の二人は身長こそ低いが、いろいろ工夫しながらサーブを打って、高い効果率をあげていた。

とくに中道は、リリーフサーバーとして重要な場面でサーブを決めていた。ロンドンオリンピックの準々決勝の中国戦もそうだ。マッチポイントで大友と交代で入り、サービスエースを連続で決めるという離れ業を演じている。どういう心境でコートに入り、どういうふうにサーブを打っていたのか？　われわれも知りたいし、選手たちも知りたいところだろう。

荒木は高い身長を活かしたジャンプフローターサーブを得意としていた。日本のミドルブロッカーで、彼女ほどサーブがうまかった選手はいない。荒木はどんな意識を持ち、どういう感覚で打っていたのか？　ミドルの選手たちに指導してほしいと思っている。

バレーボールでは、1セットに平均15回サーブ権が回ってくる。ミドルブロッカーは6人中2人だから、単純計算で5回はミドルがサーブを打つことになる。それなのに2人ともサーブが弱かったら話にならない。世界のトップチームを見ると、必ずミドルブロッカーにサーブのうまい選手がいる。そこが日本と世界の大きな違いだ。

日本では、いままでミドルブロッカーのサーブ力には目をつぶる傾向があった。でも、世界と戦うとき、それでは通用しない。選手の意識を変えるために、「ミドルの選考基準は、①サーブ、②スパイク、③ブロックの順にする」と通告した。

サーブが不得意だった大友をタスクフォースに入れたのには理由がある。うまい選手の話ばかりでは、サーブが苦手な選手には伝わらないと思ったからだ。大友はどうやってサーブと向き合い、練習していたのか。試合ではどんなことを心がけていたのか？　「おまえにしか分からないことがあるはずや。サーブが苦手な選手に教えてやってくれ」と説得し、入ってもらうことになった。

ありとあらゆる角度からアプローチして、サーブという緊急課題を解決する――。「タスクフォース」という用語を使って強調したことで、会見のあとの囲み取材でも、サーブについての質問が相次いだ。メディアで盛んに取りあげてもらえば、選手たちもサーブの重要性を強く感じるはず——そんな狙いもあった。さらに合宿中、「サーブで崩せない選手は、最終メンバーから外す」とはっきり伝えた。

じつは、初招集したメンバーの中にビッグサーバーがいる。JTマーヴェラスのアウトサイドヒッター、和田由紀子である。細身の選手だが体のバネが素晴らしく、高いジャンプから、速いスイングスピードでボールを叩き、パカーンという破裂音が体育館に鳴り響く。その威力は石川真佑に匹敵する。

女子でもジャンプサーブを打つ選手は増えてきたが、まだ少数派。逆に言えば、レシーバー側も強いジャンプサーブにはまだ慣れていないということだ。石川、和田のジャンプサーブは時速90キロを超える。うまくいけばこの二枚看板が、オリンピック予選に向けて日本の最終兵器になるかもしれない。

新戦力の台頭

キックオフ記者会見が終わると、すぐに薩摩川内市での合宿に入った。そこでネーションズリーグに登録するメンバー29名を選んだ。

（S）関菜々巳、柴田真果、岩崎こよみ、松井珠己、中川つかさ（初）

（OH）長岡望悠、林琴奈、古賀紗理那、石川真佑、井上愛里沙、田中瑞稀、

長内美和子、中川美柚、西川有喜、和田由紀子（初）、大川愛海（初）
（MB）島村春世、渡邊彩、山田二千華、横田真未、小川愛里奈、宮部藍梨、
入澤まい、荒木彩花（初）
（L）福留慧美、小島満菜美、目黒優佳（初）、岩澤実育《みいく》（初）、西村弥菜美（初）

昨年同様、予選ラウンドの登録メンバーは14名まで。1週ごとにメンバーを入れ替えながら、代表初選出の若手もテストし、できるだけ多くの選手を実戦で見極めるつもりだ。

チームの核となるのは、やはり世界選手権のメンバーである。

キャプテンの古賀紗理那は世界選手権での怪我も癒え、Vリーグで好調を維持していた。所属のNECレッドロケッツはVリーグで優勝。個人としてはサーブ効果率でリーグ1位を記録した。

ただ、合宿で見ていると、スパイクの調子がいまひとつに感じられた。ボールのスピードが去年よりも落ちている。もちろん、Vリーグでも代表でもフル回転が続き、疲れもあるだろう。それでも古賀にはエースとして、今年もセット5得点はあげてほしい。

古賀にはブロックも期待している。彼女のブロック力は、アウトサイドヒッターとしては世界の五本指に入る。1年目は古賀をローテーションの2番に入れることが多

かったが、最後に4番でも試した。S1ローテーション（セッターが1番にサーブを打つ）なら、古賀をセッター対角にして、できるだけ長く前衛に置いたほうが効果的だと考えたからだ。1セットでローテーションが2周半するとして、2番なら古賀の前衛は6回。4番なら9回。古賀のブロック回数が多いほうが、チームとして機能する可能性もある。

古賀はキャプテンとしての自覚も出てきて、合宿で年上の選手とも、若い選手とも積極的にコミュニケーションをとっていた。今年もあらゆる意味で古賀がこのチームの中心になるのは間違いない。

対照的に、ちょっと不安なのが石川真佑だ。世界選手権では髪型を変えて大活躍してくれたが、合宿では調子が上がらなかった。Vリーグのプレーオフ決勝で負けた影響があるのかもしれない。

石川の東レは、ファイナルで古賀のNECに敗れたのだが、負け方がよくなかった。レギュラーラウンドでは東レが1位、NECは4位だった。ところが、プレーオフのファイナルではNECが優勢。最初の2セットを連取した。東レも石川の活躍で盛り返し、第3、第4セットを連取して2－2。勝負の第5セット。14－12で先にマッチポイントを握ったのは東レだった。

ここで東レのセッター関菜々巳は、連続で石川にトスを上げた。それがブロックにつかまり、逆転負け。まるで東京オリンピックの韓国戦のプレーバックを見ているようだった。

じつは、東レはその前の皇后杯（全日本バレーボール選手権大会）の決勝でも、NECに敗れている。そのとき、関は石川に上げず、試合後に「私に持ってきてほしかった」と言われたそうだ。そういう経緯があってのVリーグ・ファイナルだったのである。

また、石川は次のシーズンからイタリアのセリエA、イル・ビゾンテ・フィレンツェへの移籍が決まっていた。「真佑の東レ最後の試合」。そんな気持ちもあったのかもしれない。

セッターはすべての選手の状態を見て、試合の流れを読み、あらゆる情報をインプットして判断を下さなければならない。その上で石川を選んだというなら、それでいい。しかし、あの場面はどうだったか……。

石川も関も、どうもあの敗戦を引きずっているフシがある。髪型作戦はもう使えないが、なんとかして吹っ切らせなければならない。

＊

２０２３年のネーションズリーグ、第１週の開催地は日本の名古屋である。コロナ禍の間、無観客の寂しい試合が続いたが、４年ぶりに女子日本代表の試合を日本のファンに生で見てもらえることになった。うれしいかぎりである。

会場は日本ガイシホール。対戦相手はドミニカ共和国（開幕時の世界ランキング9位）、クロアチア（27位）、ブルガリア（16位）、中国（5位）に決まった。

開幕直前には、来日したブラジル代表と練習試合を行った。3日間で12セットを戦い、7セットをわれわれが取った。あくまで調整のためのゲームだが、チームの状態は上々。選手のモチベーションも高まっている。

5月30日、1カ月半にわたる長いロードが始まった。

ドミニカ共和国戦のスターティンメンバーは、関菜々巳（S）、古賀紗理那（OH）、荒木彩花（MB）、林琴奈（OH）、井上愛里沙（OH）、入澤まい（MB）、西村弥菜美（L）。

久しぶりの日本での試合ということもあって、立ち上がりは硬さが見られた。序盤リードを許したが、関のサーブで連続ポイントを奪い、徐々にペースを取り戻した。古賀のバックアタックも好調だ。第1、第2セットはわれわれが連取した。

第3セットは、ローテーションを変えたドミニカ共和国の反撃を受けた。ドミニカ共和国はその後、オリンピック予選で番狂わせを起こすことになるのだが、乗せると怖いチームである。第3セットこそ落としてしまったが、第4セットは日本が立て直した。3－1で白星発進だ。

荒木と入澤、若いミドルブロッカーの2人が非常にいいプレーを見せてくれた。荒木はチーム3位の12得点、入澤は4位の11得点をあげた。

2戦目はクロアチアを相手に3－0のストレート勝ち。ランキング下位の相手ということもあり、ベンチ入りしている14名を全員使うことができた。これからの長丁場を考えると、早いうちに全員をコートに立たせることができたのは大きい。

3戦目もブルガリアを相手にストレートで勝利。セットの終盤に和田由紀子と松井珠己を2枚替えで入れる作戦もうまく機能した。

開幕3連勝。ここまでは順調だ。問題は次の中国戦である。中国は今回も背の高いメンバーを揃え、平均身長はなんと188cm。われわれより10cm以上高い。

第1セット、中国はその高さを活かし、上から強烈なスパイクを打ち込んできた。われわれは防戦一方。反撃の機会をつかめないまま18－25で落としてしまった。

第2セットは、日本の持ち味である粘り強いディフェンスから、スピードのある攻撃を仕掛け、リードを奪った。しかし、コート中央にそびえ立つミドルブロッカー袁心玥《ユエン・シンユエ》（202cm）と王媛媛《ワン・ユエンユエン》（196cm）に行く手を阻まれる。若きエース李盈瑩《リ・エイエイ》（192cm）のスパイクも強烈。こちらのサーブが甘くなり、Aパスを返されると為す術がない。終盤に追いつかれ、デュースにもつれ込んだ挙げ句、25－27で奪われた。

第3セット、これまでリリーフサーバーで使ってきた和田をスタートから投入した。セッターの関も和田のライトからのアタックを積極的に使い、流れをつかんだ。和田はこのセット、9得点という大活躍を見せてくれたが、最後はまたもやデュースに持ち込まれて25－27。0－3のストレート負けを喫してしまった。

高い相手には、もっとサーブで攻めないと勝機は摑めない。中国戦では、むしろわれわれのほうがサーブで崩される場面が多かった。サーブレシーブの安定も課題だ。とはいえ、世界最強チームの一角と、第2、第3セットは互角に渡り合った。若い選手にとってはいい経験になったはずだ。

日本ラウンドは3勝1敗。若手を起用しながら、勝つべき相手にはしっかり勝てた。とくに新メンバーの和田由紀子（ＯＨ）、荒木彩花、入澤まい（ＭＢ）、西村弥菜美（Ｌ）の活躍はめざましく、国際試合でも臆することなくプレーしていた。

監督としては、これまで林の控えがいないことが悩みの種だった。そこに和田という新しいピースが登場した。和田は林とは違って、アタックのスペシャリスト。タイプの異なる2枚のオポジットが揃えば、戦術の選択肢が増える。

林は試合後、報道陣から和田について訊かれ、「バックアタックも打てるいい選手。刺激をもらって、私もがんばりたい」とコメントしていた。ライバルの存在が選手を成長させる。和田の登場は、いろんな意味でチームにいい影響を与えそうだ。

荒木彩花と西村弥菜美は、石川真佑、山田二千華らと同世代。U20（ジュニア）世界選手権の優勝メンバーだ。ネーションズリーグに入る前、山田の目にボールが当たって試合に出られなくなり、荒木を起用したのだが、これが吉と出た。人間万事塞翁が馬。災難が幸運に転じることもある。

荒木は気迫を前面に出したプレーが身上。１８４㎝の恵まれた体格を活かし、思い切りのいいブロックを見せる。スパイク技術も久光に入ってから成長し、ブロード攻撃（MBがサイドに移動してアタックする）もできる。２０２２－23のVリーグでは、ブロック賞、スパイク賞、ベスト6を受賞する大活躍だった。その勢いを代表にも持ち込み、ここまで想像以上の働きをしてくれている。

入澤は身長１８８㎝。待望の大型ミドルブロッカーだ。２０１９年から日本代表に選出され、同年のアジア選手権ではB代表の一員として優勝も経験。本格的にA代表でプレーするのはこれが初めてだが、安定感のあるプレーを見せてくれている。とくにサーブがいい。

日本は長らくミドルブロッカーが弱点だったが、ここに来て山田、荒木、入澤という若い才能が台頭してきた。将来が楽しみな選手たちだ。

リベロの西村はまだ23歳だが、苦労してここまで来た選手だ。U20の頃はアウトサイドヒッターとして活躍。２０１９年にはU20世界選手権とアジア選手権、両方の優勝メンバーに名を連ねた。

ところが、その後、所属の岡山シーガルズで伸び悩んでしまった。結果が出せず、２０２１年に21歳の若さでいちど引退している。その陰には、母親の病気という理由もあったと聞く。

それでもバレーへの情熱は失わず、地元のクラブチームでプレーしていた。そんなとき、高校の同級生、中川美柚のすすめもあって復帰を決意。中川のいる久光スプリングスに入団した。久光でリベロに専念するようになってから結果が出た。2022－23シーズンは、サーブレシーブ賞、ベストリベロ賞に加え、サーブレシーブ部門の日本記録（74・8％）も作った。

ネーションズリーグでも安定したレシーブを見せてくれている。リベロの人選については ずっと悩んできたが、ここに来て西村も有力候補の一人になった。

コンビ問題勃発

第2週はブラジル大会。試合会場は首都のブラジリアだ。ブラジルへ行くのはリオオリンピック以来7年ぶり。乗り継ぎがうまくいかず、移動はじつにトータル51時間。時差ボケもきつく、南米への遠征は毎回こたえる。

第2週の対戦相手はセルビア（開幕時の世界ランキング1位）、韓国（23位）、ドイツ（13位）、アメリカ（4位）。メンバーは1週目から5人を入れ替えて臨んだ（太字が入れ替えた選手）。

（S）関菜々巳、**柴田真果**
（OH）林琴奈、古賀紗理那、**石川真佑**、井上愛里沙、田中瑞稀、和田由紀子
（MB）**渡邊彩**、**山田二千華**、入澤まい、荒木彩花

（L）目黒優佳、西村弥菜美

6月13日、ブラジルでの初戦の相手はセルビアだ。昨年の世界選手権の優勝チームだが、1週目はなんと0勝4敗。ベストメンバーではなかったようだ。

ヨーロッパではイタリア・セリエAやトルコリーグの期間が長く、試合数も多い。さらにヨーロッパチャンピオンズリーグを決勝まで勝ち進むと、5月までシーズンが続く。そのため、ネーションズリーグの前半には主力が来ないケースがあるのだ。セルビアも今回はエースのティヤナ・ボシュコビッチがいない。

おそらくセルビアはネーションズリーグを捨て、9月のオリンピック予選に集中する考えなのだろう。強者ならではの戦略だ。しかし、世界ランキング1位のチームがそういうことをしてしまうと、順位が一気に変動する。実際、セルビアは今大会、予選ラウンドで敗退し、ランキング1位から6位まで滑り落ちた。来年、オリンピック直前のネーションズリーグでも同じような大変動が起きる可能性がある。私はそれを危惧しているのだ。

とはいえ、いまは目の前のセルビアを倒すことに集中しなければならない。しかし、2週目のセルビアは1週目とは別物だった。

第1セットはわれわれが先行し、25－16で取ったが、第2セットからセルビアのエンジンがかかってきた。交互にセットを取り合い、フルセットへ。最後はセルビアの高さとパワーに押し切られ、2－3で敗北した。

この試合、トータルの得点数では100－97と、われわれが勝っていた。にもかかわらず試合を落としてしまった。いまの日本は強豪国を相手に接戦まで持ち込むことはできる。だが、20点以降、そして第5セットの緊迫した局面に弱い。その部分は依然大きな課題である。

2戦目の相手は韓国。192㎝のエース、キム・ヨンギョンがいた頃の韓国は、日本にとって宿敵とも言える存在だった。しかし、世代交代がうまくいっていないようで、いまの韓国に往年の面影はない。試合はわれわれがストレート勝ちした（韓国は結局、予選ラウンド0勝12敗に終わった）。

勝ったのはいいが、試合中とんでもないトラブルが起きた。天井に雨漏りがあり、コート上に水たまりができてしまったのだ。私も長いバレー人生でいろんな経験をしてきたが、雨漏りは初めてだ（苦笑）。試合は一時中断。再開してからも、ポイントごとに水を拭きながらプレーすることになった。

世界を転戦していると、予期せぬトラブルに見舞われる。日本のように環境が整っている国ばかりではない。厳しい条件の中で戦うことで、人間としても選手としてもタフになれる。トラブルを成長の糧にすればいいのだ。

ブラジルの会場でもうひとつ問題だったのが、床の材質だ。一般的な会場よりもかなり柔らかく、選手たちは強く踏み込んでジャンプすることを強いられた。この週、林をはじめ何人かの選手が調子を落としたが、床による疲労の影響もあったと思う。

一方、チーム内では、セッターとアタッカーのコンビネーションが合わないという問題が起きていた。高速コンビバレーは日本の生命線。これまで私は攻撃のテンポアップをひたすら追求してきた。選手たちもそれに応えようとがんばってくれた。

１年目は大きな問題はなかったのだが、２年目に入ってトスとスパイクのタイミングに微妙なズレが生じてきた。そこに疲労やコミュニケーションの齟齬が重なり、チームの状態が悪化していた。それが表面化したのがドイツ戦である。

ネーションズリーグの序盤、世界のトップは全力を出さない。しかし、その次のグループは違う。とくに今年はオリンピック予選が控えている。各国とも主力を揃え、全力で戦っている。今回の対戦相手で言うと、ドミニカ共和国、ドイツ、オランダといった国がそうだ。ベストメンバーが揃ったときの彼女たちは手強い。去年のネーションズリーグとは比べものにならない。

日本はここまで4勝2敗。予選ラウンド突破を考えると、ドイツには勝ちたい。しかし、チーム状態は明らかに向こうが上だった。

ドイツの監督はフィタル・ヘイネン。２０１８年、男子のポーランドを世界選手権優勝に導いた名将だ。男子バレー仕込みのブロックに圧倒され、サーブで崩され、おまけにこちらはコンビが合わない。場合によっては０‐３で負けてもおかしくない試合だった。それをやっとのことでフルセットに持ち込んだが、最後は力負けした。

ドイツに負けて4勝3敗。しかも次はアメリカ戦。予選突破に黄色信号が灯り、チームの雰囲気も暗い。

ここで私は〝カンフル剤〟を打つことにした。

それまでは選手が自分たちで問題を解決できるかどうか見守っていた。監督がすべてを指示していると、選手は成長できない。口を出したくなるのをじっと堪え、選手の自発的な行動を促す。それも指導者の務めだ。ただ、選手たちだけでは解決できないときには、ショック療法を施すことも必要だ。

私は試合後、古賀を呼び、ふたりで話をした。

「どうや？　なにが問題だと思う？」と訊くと、古賀は「関のトスがタイミングよく出てこないから、合わないんです」と言う。「ああ、そうかあ」と、彼女の話にしばらく耳を傾けた。古賀は日本の中ではずば抜けた力を持つ選手だ。バレーに対してきわめてストイックで、人一倍努力をする。そのぶん、周囲の選手に求めるレベルも高い。彼女の存在がチームを引き上げている一方、若い選手が緊張する原因にもなっている。

合宿中、竹下佳江を交えて関、松井、柴田らセッター陣と話してみたところ、「レフト（古賀）にトスを上げるのが怖い」と感じていることが分かった。セッターも人間。機械のように正確にトスを上げ続けることはできない。精神的にストレスがかかれば、なおさらトスがぶれたり、テンポがまちまちになる。

他のチームなら、背の高いスパイカーに向かって、ポーンとハイボールを上げればすむ場面で、日本のセッターは速いトスをピンポイントで送らなければならない。練習ではできても、試合になると「合わなかったらどうしよう」という不安が頭をよぎり、わずかにテンポが遅くなる。

そうすると、練習通りのタイミングで跳んでいるスパイカーにとっては「打ちたい場所にボールが来ない」ということになる。それが繰り返されると、スパイカーは「本当にトスが来るのかな？」と疑念を抱きはじめ、助走の勢いがなくなり、跳ぶタイミングがずれ、思い切ってアタックに入れなくなる。

そこでスパイカーはセッターに、「一定のトスを上げてほしい」と要求する。言われたセッターは「スパイカーに合わせなければ」と思うあまり、緊張してますますトスがずれる。完全に負のスパイラルである。

しかも、セッターがレフトに気を遣うあまり、今度はライトのトスに神経が回らなくなる。今大会、林がいまひとつ調子に乗れていないのは、それも理由のひとつだ。

コンビを合わせるには、技術だけでなく、コミュニケーションや信頼感が欠かせない。要するに人間関係の問題なので、私が古賀とセッターを呼んで話し合いの場を設けても、おそらく解決しない。かえって話がこじれる可能性すらある。

コミュニケーションは、誰に、いつ、どう話すかが重要。私が「ここだ」と思ったのがドイツに負けたあとだった。

ひとしきり古賀の考えを聞いたあと、私はセッター陣の気持ちを伝えた。

「でもな、紗理那、おまえセッターの気持ちが分かってないよ。みんなおまえにすごく気を遣ってるんや。だから、他のところに神経が回らない。それでますますコンビがうまくいかないんやないか？　それについてはどう思う？」

古賀は「えっ……まったく気づいてなかったです」と言葉に詰まっていた。

「おまえは日本のエースでキャプテンやろう。セッターを育てるのも、おまえの役目じゃないのか？　自分が『打ってあげる』という気持ちになってみたらどうや。いまのようにセッターが気を遣ってる状態じゃ、チームは勝てっこないよ」

古賀はショックを受けた様子だった。

タイミングよく、スパイカーが打ちやすいボールを上げるのがセッターの仕事だ。スパイカーのほうから「もっとこういうトスを上げてほしい」と要求することも大事。私も監督として、セッターには「もっと速く！」と要求し続けてきた。しかし、最後はスパイカー側に「打ってあげる」という意識も必要。そうしなければ信頼関係は成り立たない。

「紗理那、最後はおまえ次第だと思うよ」と言うと、彼女は「分かりました」と言って部屋に帰っていった。

古賀だけでなく、もうひとりのエース、井上とセッターのコンビもあまりしっくりいっていない。だが、その時点ではまだ井上とは話さなかった。というのも、和田が活躍し、石川も復調してきたからだ。そうなると、井上の出番は減ることになる。彼女も状況を感じとり、自分なりにいろいろ考えるはずだ。そこでしばらく待ってみることにした。

代表チームは強い個性を持った選手の集まりだ。人間関係がぎくしゃくし、進むべき方向を見失いがちになることもある。そういうときには、こうしてカンフル剤を打つ。逆にモルヒネを打って、痛みを和らげることもある。それによってチームにどんな変化が起きるかを観察し、また次の手を考える。そうやって集団のバランスを取っていくのも監督の役割なのだ。

セッターに求められる五つの力

まだ駆け出しだった頃、セッターである私を育ててくれたのは、日本のエースだった田中幹保さんや三橋栄三郎さんだった。彼らはトスが少々乱れても、自分の技術でカバーして打ってくれた。こちらが「しまった！　失敗した」と思っても、決めてしまうのだ。

田中さん、三橋さんには試合中、何度助けてもらったか分からない。だからこそ、「この人のために少しでもいいトスを上げよう」という気持ちになり、練習に励んだ。スパイカーがセッターを育て、セッターはその恩義に報いようと努力する。そうやって好循環が生まれ、信頼関係が育まれていく。真の一流のスパイカーは、セッターに要求するだけでなく、セッターを育てるのだ。

私も数多くのスパイカーを見てきたが、田中さんと三橋さんのような技術を持った人は他にいない。彼らはとにかくブロックされなかった。相手の手にパーンと当てることはある。でも、シャットアウトされるシーンはほとんど見たことがない。空中で相手のブロックを見て、打つポイントを変えていたからだ。

三橋さんはクイックの名手だった。私がどんなに速いトスを上げても、相手のブロッカーを同時に見て、いろんなコースに打ち分けていた。体を空中でひねり、右に打つ振りをして左に打ったりもする。滞空時間のあるオープン攻撃ならともかく、速攻でそんなことができたのは三橋さんだけだ。

しかも三橋さんからは、「眞鍋、もっと速く出せ」と言われ続けた。三橋さんぐらいの技術があると、トスの精度よりも速さのほうが大事なのだ。そこで私はとにかくスピード重視でトスを上げることにした。空中に大きな円をイメージして、とりあえずそこを通せば、あとは三橋さんが勝手に打ち分けてくれる——という感じだ。

彼ら一流スパイカーとプレーできたことは、セッターの私にとって貴重な財産となった。

私はこれまで何十年も、「セッターとは何か」を考え続けてきた。それを端的にまとめたメモが、いつも持ち歩いているノートに記してある。一部紹介しよう。

- セッターは脚本家や演出家、あるいはオーケストラの指揮者みたいなもの。
- セッターの役割でもっとも大事なことは「敵を知るには己を知る」ということだ。孫子の兵法で言う「敵を知り己を知れば百戦殆《あや》うからず」という、例の格言である。相手をしっかり研究すること。
- セッターはコートの中の監督である。セッターは受身のポジションだ。いろいろな気配り、思いやりが求められるポジションなのだ。どんなときでも自分が前に出て「俺だ、私だ」と主張するような性格はセッター向きとは言えない。
- 二流を一流に引き上げるのがセッターである。
- データは試合前に「準備」しておくものである。そしてデータだけでは試合は戦えない。データ（情報）はあくまでも参考資料である。
- セッターは生きた情報に対し「疑い屋」になれ。
- セッターの役割はトスを上げるだけではない。「観察力」「洞察力」「判断力」「先見力」「決断力」の五つの力が要求される。「観察」とは目に見えるものから情報を引き出す力。「洞察」とは目に見えないものを読む力。相手の心理を読み取ってゆく力。

時代が違うので、いまの選手に私の考えを押しつけようとは思わない。ただ、折に触れて話をして、少しずつ伝えるようにしている。とくに竹下が現役だった頃は、よくセッター論について話をした。

バレーボールでは監督も指示を出すが、基本的にはセッターが「コートの中の監督」としてサインを出し、誰にスパイクを打たせるかを決める。

私は現役時代、その日ツイているのは誰かをいつも探していた。とくに大会が大きくなればなるほど、ラッキーガール、ラッキーボーイの存在が重要になる。ツイているアタッカーは、たとえ3枚ブロックが来ても、吸い込み（ボールがブロッカーとネットの間に落ちる）や、ワンタッチで決めてしまう。技術だけでは説明できない不思議なことが起きるのだ。

監督になってからも、ひたすらコートサイドで「今日のラッキーガールは誰か」を探している。竹下とはよく「〝ウォーリーを探せ〟と同じやな」と話していた。昔はアナログ的に目で観察していたが、いまはデータの助けもある。

試合中、アナリストがリアルタイムで送ってくるデータによって、私の手元のｉＰａｄの数字もどんどん変わっていく。タイムアウトのとき、竹下といっしょにそれを見て「この選手に上げよう」と決めるのだ。

一方、最初は調子がよくても、試合中にどんどん効果率が下がってしまう選手もいる。それが分かったら、トスの配球も変えなければいけない。最初のプランにこだわって、当たっていない選手に上げ続ければ試合には負ける。

私は監督になってからも、たえずセッターの視点で試合を見ている。「このローテで、相手はこう来ているから、俺ならあの選手に上げる」と頭の中で考える。ロンドンのときは、私のイメージと竹下の実際の判断が7～8割まで一致していた。でも、いまのセッターたちとはまだ5～6割だ。

では、私がサインを出せばいいかと言えば、そうじゃない。もちろん重要な場面では指示する。だが、すべてを監督が決めていたら選手は成長しないし、ただの「指示待ち族」になってしまう。そんなチームは強くならない。

ポイントとなる局面では、監督とセッターがアイコンタクトで考えを共有する。そういう関係が理想的だ。竹下とはそれができていた。彼女と私は14歳離れているが、〝昭和〟の感覚を共有しているところがある。

ところが、いまのセッターたちは平成生まれのZ世代。私とは30歳以上離れている。どうすれば彼女たちとうまくコミュニケーションをとり、考えを共有できるか？　なかなか難しいが、挑戦しがいのある課題だと思っている。

いま、日本代表には5、6人のセッター候補がいて、かつての竹下のような絶対的な存在はいない。ただ、昨年の世界選手権前後から、関菜々巳を先発させる機会が増えた。

関はまだ23歳と若く、経験は浅いが、ここまでよくやっている。いまの選手は総じて真面目だが、関はその中でも抜きん出て真面目で勉強熱心だ。私が話したセッターの「五つの力」も暗記してスラスラ言える。高校の成績はオール5だったと聞いて納得した。

彼女はもともとアタッカーで、本格的にセッターに転向したのは千葉県立柏井高校に入学してからだ。3年のときにはキャプテンとして春高バレーに出場し、ベスト16まで行った。ひとつ年下の石川のような華々しい活躍はできなかったが、セッターとしての才能を買われ、2018年、東レアローズに入団する。

すぐに正セッターとして活躍し、チームは準優勝。関は最優秀新人賞に輝いた。代表には2019年に初招集され、東京オリンピックを目指していたが、中田久美監督が選んだのは籾井あきと田代佳奈美。関は最終メンバーに残ることができなかった。それでも腐らず、真面目に努力を続けてきた。じつは関の成長の陰には、東レのコーチをしていた中道瞳の尽力もある。

関は性格的に縁の下の力持ちタイプで、周囲への気配り、目配りができる。だから、スパイカーは関のトスを「打ってあげよう」という気持ちになりやすい。セッターにも二種類あって、スパイカーに対して「打て！」と命令するようなトスを上げるタイプと、「打って！」とお願いするようなトスを上げるタイプがいる。一概にどっちがいいとは言えないが、関は後者のタイプ。じつは私も竹下もそうだ。

セッターはみんなに気を遣い、チームのために縁の下で働く。でも、セッターにできるのはお膳立てまで。最後に決めるのはスパイカーだ。勝てばスパイカーが賞賛される。負ければセッターの責任。ある意味、損な役回りを進んで引き受けられる人間性が必要だ。

セッターの仕事はコートの中だけで終わらない。練習が終わってからがセッターの腕の見せどころだ。私は若かった頃、よく先輩スパイカーの部屋に行って、酒を飲みながらいろいろな話をした。バレーに対する考え方はもちろん、その人の性格や癖、どんな趣味を持っているのかまで、あらゆることを知ろうと努めた。人間性まで理解してはじめて、「打って！」というトスを上げることができる。

だから、関にも「スパイカー全員の部屋に行け」と言っている。女性はチームの中でも数人ずつの仲良しグループを作る傾向がある。それはそれでかまわないが、セッターは全員とコミュニケーションをとる必要がある。年上も年下も関係なく、自分かららいろんなグループに足を運んで話をしなければだめだ。そして、それぞれのスパイカーの特徴から性格まで、気づいたことをすべてノートに書きだすようにすすめた。真面目な関のことだから、きっと几帳面にやっているはずだ。

ただ、関の場合は真面目すぎて精神的に追い詰められ、余裕を失うところがある。２０２２年のネーションズリーグ後半、連敗している最中もかなり悩んでいた。そういうときには〝モルヒネ〟を打つ必要がある。

「バレー、楽しんでるか？　何十時間も何百時間もがんばって練習してきて、試合はその発表会みたいなもんなんやから、もっと楽しめよ。自分のやってきたことをそのまま出せばいいんや」

肩の力を抜いて、リラックスすることも大事だ。バレーの試合は相手との騙し合い。

遊び心や余裕がないと、いいプレーはできない。

そういった面では、松井珠己はイマジネーションが豊かで、プレーに遊び心や工夫がある。スパイカーとのコンビも3人の中では一番合っている。ただ、試合に出てこそ活躍するタイプで、控えとしてチームを支える性格ではない。松井がメインで関が控えという形はありかもしれないが、逆だとチームがうまく回らない可能性もある。

そういう意味では、彼女たちより年長で29歳の柴田真果がキーパーソンになるかもしれない。チーム内の人間関係を考えると、控えのセッターの存在はきわめて重要。ロンドンで銅メダルを獲れた陰には、中道の存在があった。

もし、今後も関がメインになるとしたら、温厚な性格で、チームのために黒衣に徹してくれる柴田の控えはありかもしれない……。そこは竹下も同意見だった。

ネーションズリーグ、ブラジル大会の最終戦、その柴田が重要な役割を演じることになった。

起死回生　和田由紀子の大ブレイク

ドイツに負けたあと、チームの状況を踏まえ、今後の戦いについてプランを練り直した。

ブラジルに来てから、林は調子を落としていた。林が悪くなるときは、スパイクが決まらなくなり、それに引きずられるように得意のサーブレシーブの成功率も落ちてくる。日本が負けるときは、林の数字が悪いときだ。去年はそうなると打つ手がなかった。

でも、今年は和田がいる。これまで途中交代で経験を積ませてきたが、スタートから使っても行けるだろう。和田が入ればライト側からのバックアタックが使える。これはチームとして有効なオプションになる。

世界のどの国も、レフト側からの攻撃に対しては守備の練習を重ね、うまく対応してくる。だが、ライト側はブロックさえ抜ければ、いいレシーブが上がらないケースが多い。そういう意味でも、ライトからの強打を得意とする和田の起用は効果的なはずだ。

ただ、ネーションズリーグで和田を対戦国にどこまで見せるか？　という問題もある。本当の戦いは9月のオリンピック予選。ネーションズリーグで手の内をすべてさらしてしまうわけにはいかない。

とはいえ、ここで勝たなければ予選ラウンド突破が危うい。世界ランキングを上げるというミッションもある……。いくつもの相反する要素があり、監督としては悩ましいところだが、ここは腹をくくらなければいけない。アメリカ戦では初めての布陣を試すことにした。

スターティングメンバーは、柴田真果（S）、古賀紗理那（OH）、荒木彩花（MB）、

和田由紀子（ＯＨ）、石川真佑（ＯＨ）、山田二千華（ＭＢ）、西村弥菜美（Ｌ）。

和田は林の代わりにセッター対角に入り、ライトからの攻撃を担う。ただ、林ほどのレシーブ力は期待できないため、守備面は古賀や石川らにカバーさせる。セッターは柴田を試すことにした。

アメリカはまだベストメンバーではなかったが、それでも強い。第1セットは終盤まで互角の戦いを続けたが、最後はブロックにやられて23－25で落とした。

ただ、狙い通り和田のライト攻撃は効果的で、5得点をあげた。石川も好調で7得点。古賀、石川、和田の3人が共存できるか若干不安だったのだが、うまく機能している。

私は柴田にもっとライトを使うように指示した。セッターは3人ともレフトへのトスを怖がっているが、最も苦しんでいたのが柴田だ。よくも悪くも、人一倍周囲に気を遣うタイプ。レフトの古賀や井上に上げるときは、どうしても緊張してトスが短くなってしまう傾向にあった。オーバーハンドトスだとうまくいかないので、アンダーハンドパスで上げることすらあり、このままだとイップスになってしまうんじゃないかと心配したほどだ。

でも、ライトなら、柴田も普段通りのトスを上げられる。しかも、和田とはかつて所属したＪＴマーヴェラスでいっしょにプレーしており、コンビの問題はない。実際、第1セットはうまくいっていた。だったら、とことんライトでいい。真面目なセッターは、「レフトやミドルにもバランスよく上げよう」と考えがちだ。でも、ラッキーガールがいて、自分も上げやすいなら、徹底的にそこを使えばいいのだ。

それでも柴田はレフトを使おうとした。そこで数字を見せて、「これだけ和田が決まってるのに、なんでもっと使わないんや。今日はレフトに行く必要はない。全部和田でいい」と言い聞かせた。

第2セットも接戦になったが、今度はわれわれが25－23で取り返した。柴田は和田を積極的に使い、和田もそれに応えた。このセットだけで9得点。まだ相手に研究されていない優位性もあるが、世界のオポジット並みの得点力である。

和田はゾーンに入り、第3セットも7得点をあげ、このセットも日本が取った。

しかし、相手はアメリカ。一筋縄ではいかない。第4セットは再びシーソーゲームになり、23－25で奪い返された。勝負はファイナルセットへもつれ込んだ。

強豪国と戦うときは、ここからが真の勝負だ。いままでは、第5セットになると自分たちのプレーができなくなり、相手に押されることが多かった。ただ、今回は真逆の展開になった。

和田はアメリカの高いブロックをものともせずに打ちまくり、柴田も和田に上げ続けた。マッチポイントでも和田の豪快なバックアタックが決まり、15－6。去年に続くジャイアント・キリングである。

和田はこの試合、なんと合計32得点をあげた。アメリカを相手にである。歴史的な快挙と言っていい。この日の彼女はラッキーガールを超えて神懸かっていた。また、石川も19得点をあげる活躍を見せて、復調ぶりをアピールした。

ブラジル大会を終えて、日本は5勝3敗で6位。予選ラウンド突破に向けて、再び光が射してきた。

とはいえ、課題も多い。アメリカ戦は和田というラッキーガールに救われたが、セッターとレフトのコンビ問題が解決したわけではない。次のラウンドでは、松井を試しつつ解決策を見出さなければいけない。

リベロも決め手に欠ける。西村弥菜美は初めてのA代表での国際大会にしてはよくやってくれている。ただ、オリンピック予選を考えると、安心して任せられるレベルには達していない。次は福留慧美を使う予定だ。彼女の調子も見た上で、正リベロを決めるのか、併用でいくのかを検討することになるだろう。

日の丸の重み

冬のブラジルから、梅雨の日本に一時帰国し、猛暑のタイへ向かった。予選ラウンド最後の第3週、開催地はバンコク。近年、タイのバレーボール人気は凄まじく、われわれ日本チームは地元ファンの熱烈な歓迎を受けた。一番人気は長岡望悠だ。会場には長岡の応援グッズを持ったファンが殺到し、まるでホームコートのような雰囲気の中で戦うことができた。

今回の遠征メンバーは以下の通り（太字が入れ替えた選手）。

（S）関菜々巳、**松井珠己**
（OH）**長岡望悠**、林琴奈、古賀紗理那、石川真佑、井上愛里沙、和田由紀子
（MB）山田二千華、**宮部藍梨**、入澤まい、荒木彩花
（L）**福留慧美**、西村弥菜美

対戦相手は、トルコ（開幕時の世界ランキング7位）、オランダ（12位）、タイ（15位）、イタリア（2位）となる。

初戦の相手、トルコにはバルガスというオポジットがいる。映像を取り寄せて見たところ、194cmの身長と驚異的なジャンプ力で、ブロックの上から男子顔負けのスパイクを叩き込んでくる。セルビアのボシュコビッチを上回り、間違いなく世界ナンバーワンのアタッカーだ。戦々恐々としていたのだが、幸い今回はメンバーに入っていなかった。ただ、トルコにはもうひとり、195cmのカラクルトというオポジットがいる。油断はできない。

日本のスターティングメンバーは、松井珠己（S）、古賀紗理那（OH）、宮部藍梨（MB）、長岡望悠（OP）、石川真佑（OH）、山田二千華（MB）、福留慧美（L）。

第1、第2セットは、長岡が会場の大声援を受けて活躍。それぞれセット5得点をあげ、日本が2セットを連取した。

しかし、バルガスがいなくてもトルコは強い。国内リーグをプロ化してからというもの、世界の有力選手が集まり、それがトルコ人選手の底上げにつながっているのだ。第3、第4セットは逆に連取されてしまった。

3試合連続のフルセット。ここで活躍したのが古賀だった。序盤に連続でサービスエースを奪い、このセットだけで6得点。古賀が乗るとチームも勢いづく。第5セットは15-9で押し切った。最後のスパイクは石川が相手のエンドラインぎりぎりに打ち込んだ。リプレイを見るとわずか1ミリほどしかラインにかかっていない。勢いに乗っているときは、こういうラッキーが起きる。

アメリカ、トルコを相手にフルセットで勝ったのは、選手にとっても大きな自信になったはず。この勢いで予選ラウンド突破を決めたい――そう思っていたとき、事件が起きた。

次の対戦相手はオランダ。前年の世界選手権では高さに苦しめられつつも、3-0で勝った相手だ。ところが、今回はまったく自分たちのプレーができなかった。途中出場した和田が第3、4セットで7得点ずつあげ、一人気を吐いたが、試合は1-3で落とした。

負けたのは仕方ない。敗戦の責任は監督が負うべきだ。しかし試合後、コートでストレッチをしながら笑っている選手が数名いた。私にはそれが許せなかった。

私は通常、試合後のミーティングはしない。とくに負けたあと、監督が悔しさを選手たちにぶつけ、説教をするのは最悪だ。それもあって避けてきたのだが、今回は一喝しなければいけないと思った。

オランダ戦は決勝ラウンド進出に向けて重要な一戦だった。その試合に負けたのに笑っている。プレーを楽しむ姿勢は大事だが、それとこれとは別だ。ロッカールームに引き上げると、すぐに選手、スタッフ全員を集合させた。

「われわれは日の丸をつけて、日本代表として戦っている。おまえらにはその自覚がない。負けて、悔しい、情けないと思うべきところで、なんで笑ってるんや？　オリンピック予選は2カ月後、オリンピックまではあと1年。そんな大事な時期に、試合に負けて笑っている場合か？　その感覚が俺には理解できないし、許せない。

おまえらに日の丸をつける資格はない。日の丸の重みに耐える覚悟がないなら、いますぐ日本に帰って、クラブチームでやれ」

チームマネジメントのために打つカンフル剤というより、私の信念にかかわる問題だった。

20分ほど話をしただろうか。控えのメンバーにも喝を入れた。控えの選手というのは、スターティングメンバーよりも強いモチベーション、高い温度感を持って準備をしていないと、いざコートに入ったときに活躍できない。いまの控えのメンバーには、その自覚がないように見えた。

「このメンバーじゃあ、誰が出ても勝てない。紗理那、おまえどう思う？　俺は無理やと思う。これは勝てない集団だ」

私が日の丸、日本代表というものに特別な思いを持って、代表監督に立候補したことはすでに述べた。その思いがあるから、国際大会で君が代が流れるたびに胸に熱いものがこみ上げてくる。

私は、21歳で初めて代表に入って、およそ12年間、日の丸をつけて戦った。監督としても日の丸をつけて11年になる。トータルするとバレー界で一番長く日の丸をつけているかもしれない。

ロンドンオリンピックを目指していたとき、鹿児島での合宿中に選手たちを知覧特攻平和会館に連れて行ったことがある。行くべきかどうか、本当に悩んだ。特攻を賛美しているように勘違いされたら困るし、選手の反応が読めなかったからだ。

でも、最後はやはり連れて行くことにした。戦争は間違ったことだが、いま私たちがこうして平和に暮らしていられるのは、特攻で亡くなっていった人たちの犠牲があったからだ。少なくとも、そのことは知っておくべきだと思った。そして、国を代表して戦うということの意味を、選手たちに考えてもらいたかった。

展示を見学し、語り部さんの話も聞いた。選手たちは全員号泣していた。その経験と、ロンドンで銅メダルを獲ったことの間には、直接の関係はないかもしれない。ただ、選手たちの間に〝見えない力〟が生まれるひとつのきっかけにはなったんじゃないかと思う。

ナショナリズムとか、政治信条の難しいことは私には分からない。ただ、日本代表として世界を回っていて、いつも感じることがある。ヨーロッパでもアメリカでも南米でもアジアでも、みんな国旗と国歌に誇りを持っている。その思いがモチベーションを高め、チームに団結心を与えているのだ。それだけじゃない。観客も含めて、会場全体にお互いの国歌に対する敬意のようなものが感じられる。その精神は見習いたいと思っている。

普段あまり説教をしない私が真剣に腹を立てているのを見て、選手たちはショックを受けた様子だった。その後、古賀が中心となり、選手だけでミーティングを開いたようだ。

チームワークとは何か

オランダ戦から一夜明けると、選手たちの顔つきに変化が見られた。ドイツ戦、オランダ戦の敗北。コンビをめぐる問題。彼女たちなりに危機感を覚え、「チーム」とは何かを考え始めたのだろう。ミーティングでは、「みんなで助け合おう」とあらためて伝えた。サーブ、サーブレシーブ、スパイクレシーブ、アシスト、失点の少なさ、そして団結力——われわれが目指しているテーマについても再確認した。

今日勝てば決勝ラウンド進出が決まる。相手のタイは近年、急速に力をつけてきている。選手のスキルは高く、巧みなコンビバレーを展開する。お互いに粘り、長いラリーが続いたが、コンビバレーならこちらに一日の長がある。着実に得点を重ね、3－0で勝利。チームはどん底の状態から這い上がった。

ただ、第2セットの中盤、荒木彩花がアクシデントに見舞われた。ブロックから着地した際、相手選手の足を踏んで転倒。足首を傷めてしまったのだ。自力で立ち上がることができないほどの重症だった。捻挫だけでなく、剝離骨折していることがあとから分かった。

荒木はここまで獅子奮迅の働きをしてくれていた。決勝ラウンドはもちろん、オリンピック予選にも間に合わない。日本の弱点であるミドルブロッカーに出てきた期待の星。本人もつらいだろうが、チームにとっても大きな痛手となった。

＊

高さ、身体能力で劣る日本は、技術、戦術、戦略、精神力、あらゆる力を結集しなければ世界に勝つことはできない。中でも私が重視しているのが〝目に見えない力〟だ。それはお互いを思いやる心、チームのために尽くす心を全員が持つことで生まれる。

セッターとスパイカーのコンビの問題にしても、思いやる心があれば変わってくるはずだ。若いセッターが緊張しながらがんばっているなら、スパイカーは「失敗してもいいから、私のところに持っておいで」と一声かけてあげる。そうすれば、セッターは肩の力が抜けて上げやすくなる。いまのチームには、まだそこまでの人間関係が構築されていない。

「チームワークは単に助け合うことじゃない。個人がそれぞれの責任を果たすことが、本当のチームワークだ」

ラグビー日本代表の監督だった平尾誠二さんの言葉だ。平尾さんは私より一学年上。神戸の家が近かったこともあり、生前はよくいっしょに酒を飲み、語り合ったものだ。

ロンドンオリンピックの前、私はどうすれば試合で先行できるか試行錯誤していた。現代のバレーでは先行逃げ切りのほうが圧倒的に有利。先行すれば、強気のサーブを打って攻めていける。逆に先行されると、ミスを恐れて強いサーブが打てなくなるからだ。選手たちに「スタートダッシュが肝心やぞ！」と何度も言った。それでも、なかなか先行できない。何かいい手はないかと、平尾さんに訊いてみたことがある。

ラグビーでは試合前、ロッカールームで選手たちが肩を組んで大声を出し、興奮を極限まで高めてからグラウンドへ向かう。中には涙を流している選手もいる。平尾さんが言うには、結束を高めるのに加え、恐怖心を克服するためでもあるそうだ。ラグビーでは試合中、タックルされて脳しんとうを起こすことがある。自分よりはるかに大きな相手にぶつかっていかなければいけないこともある。いつも怪我と隣り合わせだ。興奮を高めないと、怖くてグラウンドに入れないのだ。

その話を聞いて、私は「これだ！」と思った。さっそくワールドグランプリの試合でやってみることにした。ロッカールームに選手とスタッフ全員を集め、円陣を組んだ。「みんなバカになれ！」と言って、大声で雄叫びをあげ、「行くぞーっ！」と気持ちを昂ぶらせてコートに向かった。

そこまではよかった。ところが、バレーではそのあと国歌斉唱と練習があって、試合開始までに15分ぐらいかかる。その間にすっかり興奮は冷め、いつものテンションに戻ってしまった。大失敗である（苦笑）。

どうすればメンバー全員の心をひとつにし、強い気持ちで試合に入っていけるのか。その後もいろんな工夫をしてきたが、なかなかこれという手は見つかっていない。

その苦労を知ってか知らずか、オリンピック予選の試合前、選手たちがおもしろいことを始めた。ロッカールームからコートに向かうとき、古賀を先頭に、それぞれの選手が前の選手の肩に手を置き、列車のようになって入場するようになったのだ。聞けば、最近のラグビー日本代表がやっているのを参考にして、ストレングスコーチの木下恒司が提案。選手たちが採り入れたそうだ。

チームを思う気持ち。団結力。振り返ってみると、選手たちの意識はオランダ戦を境に変わった気がする。監督の激怒も、場合によっては意味があるのかもしれない。

以前、竹下からこんなエピソードを聞いたことがある。昔、怒りっぽい監督がいて、練習中ぶち切れて、「俺は帰る！　おまえら勝手にやれ」と怒鳴って出て行くことがよくあったそうだ。そのたびに選手全員で追いかけて、「監督、お願いします！　練習を見てください」「うるさい、もうおまえたちのことは知らん」「監督、お願いします！」というやりとりを繰り返す。そうすると、「おまえらがそこまで言うなら」と言って練習に戻る。クールな竹下は「ばかじゃないの」と思いながらも、仕方なくその茶番劇に付き合っていたそうだ。

竹下からは「眞鍋さん、たまにはそういうのもいいんじゃないですか」と言われた。当時は「やれるか！　そんな恥ずかしいこと」と一蹴した。でも、考えてみれば、その監督なりに、チームの一体感を高めようと考えてのことだったのかもしれない。

これは余談になるが、いまの選手たちは、チームのための日常の仕事はじつによくやる。毎日、練習の１時間以上前に体育館に来て、まずボールの空気圧を一球一球測る。それからタオルでくるくると拭いてカゴに入れる。たぶん空気圧に関しては、彼女たちのほうが審判よりも厳しいだろう。床のモップがけも自分たちでやる。

中高で指導されてきたのか、各チームの決まりごとなのか、「そこまでやるか⁉」というほど丁寧に準備をする。世界でそういうことをするチームはない。日本女子だけの習慣だ。海外遠征に行くたびに、現地の関係者からびっくりされる。

そして、全体練習の前に１時間かけて、一人ひとり個人練習をする。全体練習が終わったあとは、各自フリー練習をする。それぞれコーチが付き合うのだが、次から次へと選手がやって来る。

おそらく、たえずボールに触れ、練習していないと不安になるのだろう。もちろん気持ちはよく分かる。私も現役時代、部屋に帰ってからも、よくひとりでハンドリングの練習をしていた。

とはいえ、ものには限度がある。フリー練習にずっと付き合っていたらコーチ陣も体がもたないので、時間を決めて、必要以上にやらせないことにした。

五つの世界一を持ちたいという話をしたが、考えてみれば日本女子の練習量は間違いなく世界一である。日本人はよく真面目だと言われるが、女子バレーの選手たちの真面目さは少し度を超えているかもしれない。

＊

7月2日。予選ラウンドもいよいよ最終戦。相手は前年の優勝チーム、イタリアだ。荒木の離脱を受け、ミドルブロッカーの先発には宮部藍梨を起用した。宮部はもとはアウトサイドヒッターとして、U20の頃から注目されていた選手だ。リオオリンピックの前、私は高校生だった彼女を日本代表に選んだことがある。その後、アメリカの大学に留学し、向こうの大学リーグで活躍していたが、２０２２年に帰国。久しぶりの代表復帰となった。

宮部はナイジェリア人の父親を持ち、身長は１８１㎝。手足が長く、ジャンプ力もある。ただ、アウトサイドヒッターのときはスパイクのミートがいまひとつだった。でも、中央のトスにはうまく合わせる。高さを活かし、ガバッとかぶせるブロックも得意だ。ならば、アウトサイドヒッターよりもミドルブロッカーのほうが向いていると考え、本人とも相談の上でコンバートした。

慣れないポジションながら、ここまでまずまずのプレーを見せてくれている。また、選手たちが英語インタビューを受ける際に通訳を買って出るなど、チームに貢献しようという気持ちが強い選手だ。

イタリア戦では宮部のいいところが出た。相手のハイボールにうまく対応し、何度もブロックを決めた。スパイクも好調で、この試合トータルで、チームトップの16得点をあげた。

ただ、チームの総合力はやはりイタリアが上。善戦はしたものの、１－３で敗れた。

結果的に、予選ラウンドは7勝5敗の7位。各国とも去年とは歯ごたえがまったく違った。やはりどの国もオリンピック予選に向けてギアを上げてきている。

予選ラウンドの最終順位は、１位ポーランド、２位アメリカ、３位トルコ、４位ブラジル、５位中国、６位イタリア、７位日本、８位ドイツ。

決勝ラウンドの開催地はアメリカ、テキサス州のアーリントン。準々決勝の相手は、よりによってアメリカである。予選ラウンドでは勝ったが、決勝ラウンドにはベストメンバーで来るだろう。

ただ、本気のアメリカと戦えるのは本望でもある。20－20の緊迫した場面で強いサーブを打てるのか？　5セット目にいつも通り、いや、いつも以上の集中力を発揮できるのか？　オリンピック予選を前に、戦える選手を見極めるという意味では、またとない機会である。

決勝ラウンドの登録メンバーは次の通り（太字が入れ替えた選手）。

（S）関菜々巳、**柴田真果**
（OH）長岡望悠、林琴奈、古賀紗理那、石川真佑、井上愛里沙、**目黒優佳**、
和田由紀子
（MB）山田二千華、宮部藍梨、入澤まい
（L）福留慧美、西村弥菜美

目黒はそれまでリベロで使ってきたが、今回はアウトサイドヒッターとして登録した。守備を安定させたい場面で、リベロと目黒を同時に使うという手も考えてのことだ。

7月12日、アメリカとの準々決勝に挑んだ。スターティングメンバーは、関菜々巳（S）、石川真佑（OH）、宮部藍梨（MB）、古賀紗理那（OH）、和田由紀子（OH）、

山田二千華（ＭＢ）、西村弥菜美（Ｌ）。古賀を４番のポジションに入れた新しい布陣である。

対するアメリカは、やはり予選ラウンドとは別のチームになっていた。東京オリンピックの金メダリスト、アンドレア・ドルーズ（ＯＰ）や、チアカ・オグボグ（ＭＢ）らが加わり、第１セットから凄まじい勢いで攻めてきた。

われわれも粘り強く守り、接戦に持ち込む。しかし、パワーと高さの差はいかんともしがたい。23－25、21－25で２セットを連取された。

アメリカのテンションが落ちた隙をつき、第３セットは25－18と一矢報いた。だが、反撃はそこまで。第４セットは逆に18－25と圧倒されてゲームセット。目標のベスト４には届かず、前年と同じベスト８で敗退となった。

最後のアメリカ戦は終始押される展開だったが、その中でも和田はチームトップの14得点をあげてみせた。最初はレシーブに難があると思っていたが、試合で使ってみると、レシーブも悪くない。ネーションズリーグを通じて、和田というピースがいろんな形で使えることが分かったのは大きな収穫だった。

また古賀の４番というオプションも含めて、古賀、井上、石川、林、和田を共存させるさまざまなパターンが出てきた。ジグソーパズルがより複雑になったとも言えるが、監督としてはうれしい悲鳴である。

ネーションズリーグ２０２３の最終順位は以下のようになった。

1位トルコ、2位中国、3位ポーランド、4位アメリカ、5位ブラジル、6位イタリア、7位日本、8位ドイツ。

トルコは決勝ラウンドに入って、ついにバルガスを投入。準々決勝でイタリアを3－0、準決勝でアメリカを3－1、決勝で中国を3－1で撃破。ネーションズリーグ初優勝を遂げた。

さらにトルコは、8月から9月にかけて行われた欧州選手権でもセルビアを破って初優勝。世界ランキングでも1位に躍り出た。バルガスによって、世界の勢力図は書き換えられてしまった。恐るべき存在である。

オリンピック予選。われわれはバルガスを擁するトルコを迎え撃つことになる。ブラジルとの宿命の対決も待っている。どちらかを倒さないかぎり、パリへの切符を勝ち取ることはできない。決戦は2カ月後に迫っていた。

第5章 日はまた昇る

2023年9月パリ五輪予選

ジグソーパズルの完成

アメリカから帰国したあとは束の間のオフ。選手を休ませている間、われわれスタッフはネーションズリーグのデータ分析や、オリンピック予選で戦うチームのスカウティングを続けた。

7月24日、朗報が舞い込んだ。女子のあとに行われていた男子のネーションズリーグで日本代表がなんと銅メダルを獲得したのだ。予選ラウンドでは10連勝しており、この強さは本物。われわれ女子代表も負けていられない。選手たちにとっても大きな刺激になったはずだ。

7月30日からは今シーズン5回目の国内合宿。沖縄の豊見城市《とみぐすく》に入った。「さあ、オリンピック予選に向けて再始動だ！」と、選手もスタッフも意気込んでいたのだが、折悪しく台風6号の直撃を受けた。体育館が避難所に指定されていたこともあり、われわれはホテルに缶詰め。8月6日に予定していた「2023女子バレーボール日本代表紅白試合ミズノマッチ（沖縄大会）」も中止となってしまった。

これればかりは仕方ない。空いた時間を使って、選手一人ひとりと面談することにした。ネーションズリーグを振り返っての反省や、これからオリンピック予選まで1カ月半の間に何を強化し、どういう練習をしたいか、個人個人の要望をじっくり聞いた。

チームビルディングという面では有効な時間になった。

それにしても、台風６号が全然去ってくれない。通り過ぎるかと思ったら戻ってきて沖縄付近に居座ってしまった。ホテルでは一般観光客のみなさんも身動きがとれず困っていた。ホテルのマネージャーから相談を受けて、緊急特別イベント「２０２３バレーボール女子日本代表と遊ぼう」を開き、多くの子どもたちと交流することになった。女子バレーの人気向上のためにも、こういうイベントには大賛成。選手、スタッフ総出で参加し、選手への質問コーナーや、じゃんけんプレゼント大会などを行い、楽しいひとときを過ごした。

次の第6回合宿は8月8日から20日まで、鹿児島県薩摩川内市で行った。選手は紅白戦をできる最少人数、17名まで絞り込んだ。メンバーは以下の通りである。

（S）関菜々巳、柴田真果、松井珠己
（OH）林琴奈、古賀紗理那、石川真佑、井上愛里沙、田中瑞稀、宮部愛芽世、和田由紀子
（MB）渡邊彩、山田二千華、宮部藍梨、入澤まい
（L）福留慧美、目黒優佳、西村弥菜美

ネーションズリーグでは数多くの選手をテストしたが、そのことが選手たちの中に

「自分は最終メンバーに残れるんだろうか」という不安を与えてしまったようだ。それがコンビの問題や、チームの団結に影響していた可能性がある。

最初からレギュラーを固定して戦う監督もいるが、私はチーム内での競争を重視するほうだ。国内で競争が起こらなければ、世界では勝てない。健全な競争は選手を強くする。レギュラーの選手も、ずっと調子がいいわけじゃない。控えのメンバーがたえず高いモチベーションを持ち、いつ誰が出ても同じ力を発揮できるようなチームが理想的だ。

だから、これまでのオリンピック予選では、だいたい16〜17名を選び、大会の数日前に14名に絞るというやり方をしてきた。そこで外れた2〜3名はベンチには入れないが、チームの一員としていっしょに行動する。

ただ、現在のチームでそれをやると、不安ばかりが膨らみ、デメリットが大きいと判断。早めに14名を決め、一致団結して最後の準備に入ることにした。

ネーションズリーグで核となるメンバーは決まった。その後、沖縄と薩摩川内で、ジグソーパズルの最後の数枚をはめていった。「このピースとこのピースは合うのか？　それともこっちか？」。試行錯誤の末、最後の一枚がピタリとはまり、パズルは完成した。

日本国籍を持ったありとあらゆる選手をくまなく探し、世界選手権、ネーションズリーグを戦い、これ以上はないというベストメンバーを選んだ。この14名でオリンピック予選を戦う。

（S）関菜々巳、松井珠己
（OH）林琴奈、古賀紗理那、石川真佑、井上愛里沙、田中瑞稀、和田由紀子
（MB）渡邊彩、山田二千華、宮部藍梨、入澤まい
（L）福留慧美、西村弥菜美

残された課題

8月21日、14名の選手たちとともに、東京のナショナルトレーニングセンターに入った。予選開幕まであと26日。これが最後の合宿。残された課題の克服と、対戦チーム別の対策練習にフォーカスした。

課題①サーブ

タスクフォースを結成して重点的に強化してきたかいがあり、各選手ともサーブへの意識は格段に高くなった。ネーションズリーグでは、去年に比べてかなりサーブで攻めることができた。

ただ、ジャンプフローターを打つ選手のミス率が高かったのは課題。スピードを上

げ、際どいコースを狙うことで相手を崩せるようになった反面、ミスも多くなってしまった。これからは攻める姿勢を維持しつつ、ミスを減らしていく段階に入る。

一方、石川と和田のジャンプサーブは、ネーションズリーグではミス率も低く、効果的だった。オリンピック予選でも大きな武器になるだろう。

課題②セッター

ネーションズリーグでは、セッターとスパイカーのコンビの問題に苦しんだ。普段いっしょにプレーをしていない選手同士が組むので、時間がかかるのはしょうがない。それでも、普通は集合して1カ月ぐらいすれば合うものだ。そもそも主要メンバーは去年からいっしょにやっているのだ。ところが、今シーズンは問題を抱えたまま、ここまで来てしまった。

セッターが3人いて、スパイカーがそれぞれに合わせなければいけないという問題もあった。関と松井に絞ったことで、スパイカーも合わせやすくなるだろう。当然、コミュニケーションももっと深めていかなければいけない。

女子はラリーが長いため、陣形が動いている中で、セッターはトスを上げなければいけない。ところが、ネーションズリーグではセッターの側に余裕がなく、スパイカーの動きが見えていなかった。そこも課題だ。

これまでのところ関のプレーが一番安定しており、彼女を軸に起用してきた。ただ、関にはトスがネットに近くなるという癖がある。Ｖリーグで日本人と戦っている場合は、ネットから30㎝、ボール１個半ぐらいの位置にトスを上げることが多い。ブロックがそれほど強くない国内リーグでは、それでも決まる。

ただ、国際試合は違う。ネットに近い位置にトスを上げると、高いブロッカーに囲まれて、打つコースがなくなってしまう。わずかに空いたコースに打っても、そこにはリベロが待っている。

世界のトスのスタンダードは、だいたいネットから60〜80㎝。それぐらい距離があると、相手はブロックしにくく、スパイカーはブロックを見て、コースを打ち分けることができる。

ネットからの距離については口を酸っぱくして何度も注意しているのだが、関の場合はなかなか直らない。トスをアンテナ目がけてしっかり伸ばそうとする意識が悪いほうに働いている可能性もある。この際、あえてトスを短くしてもいいかもしれない。相手のブロッカーは基本的にアンテナ側をきっちり締めにくる。トスが短ければ中央寄りが空く。井上や石川はそこをインナースパイクで打ち抜くのが得意だから、攻撃のオプションとしてはありだ。

もうひとりのセッター、松井は勝ち気な性格で勝負師タイプ。セオリーに縛られず感性でトスを上げ、ツーアタックも多用する。ハマったときはいいプレーを見せてくれる。ディフェンスもいい。ただ、相手のブロックや戦術にかまわず、自分の感覚に頼るところがある。そのため、うまくいかなくなると、なかなか挽回できない。

ふたりとも一長一短あって、決め手に欠ける。ならば、その都度、調子のいいほうを先発させ、試合展開に応じて交代させればいい。これは相手からすると嫌だろう。われわれも相手のセッターを分析して対策を練るが、どちらのセッターが出てくるか分からないとやりにくい。正セッターがいないことを逆手にとる戦略もありかもしれない。

課題③レシーブ

「東洋の魔女」以来、レシーブは日本女子のお家芸。ところが、ネーションズリーグではディグ（スパイクレシーブ）の数字が悪かった。ロンドン～リオの8年間は、試合に負けることはあっても、ディグで負けることはほとんどなかった。ところが、今回は負けた試合が目立つ。

要因はいくつかあるが、ひとつにはセッターとスパイカーのコンビ問題が影響している。コンビが合わないから、スパイクを打っても相手に拾われる。すると、相手のディグ成功率は上がる。さらに相手はAパスから、強いスパイクを打ってくることになるので、こちらはますますディグで苦しむ。結果的に数字が下がっていく……。

前回の監督時代、ディグで負けなかったのは、リベロの佐野優子とセッターの竹下佳江の存在が大きかった。

当時、メディアからは竹下のブロック力の低さをよく指摘された。たしかに159

cmの竹下にブロックは期待できない。しかし、竹下にはそれを上回るレシーブ力がある。Ｓ１ローテーションの場合、竹下が前衛に入るのはセット平均6回。最後2枚替えすると、竹下の前衛は3回で終わる。一方、後衛には9回いることになる。竹下のレシーブはリベロ級。つまり、9回は佐野・竹下のダブル・リベロで守れるわけだ。ロンドンのときは、この強固な守備力がチームの基盤になっていた。

オリンピック予選のリベロには西村、福留を選んだ。セッター同様、リベロの二人も一長一短。サーブレシーブなら西村、ディグなら福留。長所が分かれてしまっている。そこで、二人をプレーごとに交代させるという戦術をネーションズリーグで試した。オリンピック予選でも、ケースに応じて併用することになるかもしれない。

ただ、最終的にオリンピック本大会ではリベロの登録は1名になる。できれば、どちらかを正リベロにしたいところだ。

課題④スパイク

コンビとも関わる問題だが、全体的にスパイクの球速が1年目よりも落ちている。ただ、和田と石川のスパイクは別だ。彼女たちは体のバネとスイングスピードを活かして、強烈なボールを打つ。ブロックさえ抜ければ、レシーバーの腕をパーンと弾く力がある。

それに比べると、他の選手のスパイクは拾われてしまうことが多い。コンビの改善は急務だが、個々のトレーニングにも工夫がほしい。私がトレーナーに話したのは、普通の筋力トレーニングだけでなく、日本独自のトレーニングを採り入れてみてはどうかということだ。

たとえば、ハンマー投げの室伏広治さんは現役時代、工夫して独創的なトレーニングを編み出していた。体幹を鍛えるために赤ちゃんのハイハイの動きを採り入れたり、新聞紙を片手で丸めたり、目から鱗が落ちるものが多かった。バレー界も、もっと自由な発想で、新しいトレーニングを採り入れてもいいはずだ。

もうひとつの課題はバックアタックだ。1年目は「マッハ」と「ジェット」がよく決まった。ところが、今年のネーションズリーグでは相手にレシーブされることが増えてしまった。研究されているというのもあるが、自分たち自身の問題のほうが大きい。助走に勢いがなく、アタックに入るテンポが遅いのだ。ここにもセッターとのコンビ問題が影を落としている。

ただ、和田のライトからのバックアタックが加わったのはプラス要素だ。

スパイク全体で言うと、今年はAパス、Bパスからの攻撃の成功率が前年よりも落ちている。逆にサーブレシーブが乱れてCパスになったり、ラリー中にハイボールが上がったときは、スパイカーががんばって決めている。

要するに、セッターとスパイカーのコンビネーションの精度が低いということに尽きる。その修正が最優先課題だ。

ロンドンオリンピックの前は「五つの世界一」を持っていたが、残念ながら、いまはひとつも達成できていない。サーブ、サーブレシーブ、ディグ、バックアタック、失点を少なくすること。これらの重点課題を、できるだけ世界一に近づけていきたい。

人事を尽くして天命を待つ

ネーションズリーグの決勝トーナメント、トルコのメリッサ・バルガスはサービスエースを連発していた。アナリストがスピードガンで測ってみたところ、時速１０８キロが出ていた。「ええっ　１０８!?」。女子バレーではありえない球速である。決勝戦では、あのアメリカがコテンパンにやられていた。ああいう選手がいたら、監督はさぞ楽だろう。コンビ云々に頭を悩ませず、とりあえずバルガスに上げておけばいいのだから。

しかし、無い物ねだりをしても始まらない。トルコのように飛び道具を持つチームに、〝持たざる国〟日本はどうやれば勝てるか？　情報を集め、戦略を練り、練習に励む。そこにバレーボールの醍醐味がある。

じつは、ネーションズリーグのセルビア戦のあと、コーチの川北がセルビア代表のジョバンニ・グイデッティ監督に連絡を取った。彼はイタリア人だが、長年トルコリーグのワクフバンクを指揮し、２０１７年から２０２２年まではトルコ代表の監督も務めていた。世界中でトルコのことを最もよく知る監督である。木村沙織がワクフバンクに移籍したとき、川北もコーチとして行っていた関係があり、以前からよく情報交換をしていたのだ。

ジョバンニにトルコ代表のことを訊いたところ、やはりバルガスとエブラル・カラクルトの名前があがった。「バルガスは化け物だ。ミートがいいし、ボールスピードが速い。でも、日本ならレシーブできるはずだ」と言う。

ジョバンニにしても、ブラジルのジョゼ・ロベルト・ギマラエスにしても、アメリカのカーチ・キライにしても、試合ではしのぎを削る相手だが、コートを離れれば友人である。彼らとのバレー談義はじつに楽しい。

「なんで日本はあんなにレシーブがいいんだ?」「われわれはこんな練習をしてるんだ」「そうなのか！　うちはこうなんだ」といった感じで、いろいろと情報交換をしている。ギブ・アンド・テイク。島国根性で閉じこもっていたら、世界の進歩から取り残されてしまう。

練習試合なども、監督同士の関係で決まることが多いから、世界の監督たちとネットワークを持っておくのは非常に大事だ。

世界の監督たちと話していると、日本びいきがじつに多いことに気づく。ジョゼもそのひとりだ。ブラジルがまだ弱かったときに日本に来て、松平康隆さんの下で学んだのは有名な話だ。

ジョゼは自分がセッターだったこともあり、猫田勝敏さんに憧れていた。猫田さんは１９６４年の東京から76年のモントリオールまで、４大会連続でオリンピックに出場し、金、銀、銅すべてのメダルを獲得した。当時、世界一のセッターと言われていた人だ。

ジョゼと話をしていたら、猫田さんの話になり、「猫田はどこの出身なんだ？」と訊かれた。広島の人だと教えると、「そうか、いつかお墓に行きたい」と言っていた。今回のオリンピック予選についても、「最後、日本とブラジルがオリンピックのチケットを獲れたらいいな」と言ってくれた。日本とブラジルが当たるのは最終戦。ジョゼの言うようになってほしいものである。その前にブラジルがトルコを倒し、オリンピック出場を決めていたら、最後の日本戦は主力を休ませることだってあるかもしれない……。虫のいい話だが、何事もプラス思考が大事だ。

普段はプラス思考の私だが、試合中はたえず最悪のケースを考えている。どういうスタメンで入るか。負けていたらどういう交代のカードを切るか。あらゆる展開を想定し、頭の中で何度もシミュレーションする。その上でコーチに、「この選手の効果率が下がったら、この選手を入れるから、準備しておいてくれ」と指示する。

主力の怪我も想定している。古賀は東京オリンピックでも、昨年の世界選手権でも序盤に怪我をしてしまった。もしかしたら今回もあるかもしれない。その場合、井上、林、石川、和田をどう使うか？　何通りものパターンを用意してある。

トラブルはないほうがいい。でも、起きてしまったときは、プラス思考に切り替える。「バレーの神様が古賀に試練を与えるのは、何か理由があるはず。きっと来年のパリでは素晴らしいことが待っているに違いない」といった具合だ。

じつは、私はジンクスも気にするほうだ。たとえば、試合中は立つ位置に注意している。私が審判に近いほうへ行くと、なぜか得点が入らなくなるのだ。興奮して、「行け！」と指示を出しているうちに、つい前に出てしまうことがある。そのたびに「あっ、危ない、危ない」と思って、後ろに戻る（苦笑）。

どれだけ準備しても、イメージ通りに事が運ぶことは稀だ。人事を尽くして天命を待つ――最後は神頼みをしたくなる。日本は他の国よりもラリーが長いから、そのたびに「お願いします！　このポイントは取らせてください」と心の中で祈っている。たぶん世界中のどの監督よりも祈る回数が多いだろう。八百万《やおよろず》、あらゆる神様にお願いする。ブラジルに行けばキリスト教、アジアなら仏教やヒンドゥー教、アラブではイスラム教、その土地土地の神様に祈る。

ワンタッチや、ボールがラインにかかるかどうかは紙一重。人間の努力だけではどうにもならないことがある。そのぎりぎりのところで運がどちらに傾くかは、祈りや思いで変わってくるんじゃないだろうか。それも〝目に見えない力〟のひとつだと思う。

代表監督にプレッシャーやストレスは付きものだ。日本がオリンピックに出られるかどうか。女子バレーがマイナースポーツになってしまうかどうか。いま、われわれはその境目にいる。私も重圧は感じている。

　でも、同時にこう考えるのだ。バレー界広しといえども、日本代表の監督になれるのはほんのわずか。その栄誉ある仕事を、私はもう10年もやらせてもらっている。こんなに幸せな男はいない。

　スポーツだから負けることはある。敗戦の責任を負うのは監督だ。もしもオリンピックに出られなければ、メディアや世間から批判されるだろう。でも、それで人生が終わるわけじゃない。だったら、いまこのときを、大好きなバレーができることを楽しもう。

　選手にもそう思ってもらいたい。自分のやれることを精一杯やって、試合を楽しめばいいのだ。人生で何年間、日の丸をつけていられるだろう？　スポットライトを浴びて、日本中の人から応援される機会なんて、そうあることじゃない。その舞台に立てる幸福を嚙みしめ、思い切り自分を表現してほしい。そう割り切れば、重圧から解放され、自分本来のプレーができるようになるはずだ。

　江畑幸子や迫田さおりのように、大事な試合になればなるほど活躍する選手がいる。彼女たちはそうやってプレッシャーを力に変えていたのではないだろうか。

＊

今回のオリンピック予選では７カ国と戦う。対戦する順に整理すると、次のようになる。

日本（開幕時の世界ランク8位）、ペルー（29位）、アルゼンチン（19位）、プエルトリコ（20位）、ブルガリア（16位）、ベルギー（13位）、トルコ（1位）、ブラジル（4位）。9月16日から24日まで、9日間で7試合という過密スケジュール。疲れの溜まる後半に強豪のベルギー、トルコ、ブラジルとの3連戦を迎えることになる。それまで取りこぼしは許されない。パリへの切符を摑めるのは2チームだけだ。

理想は、まず最初の4試合をすべて3－0で勝つことだろう。その上でベルギーにはなんとしても勝ちたい。そして、トルコ、ブラジルのいずれかを倒す。

彼女たちの強さはよく分かっている。しかし、絶対に勝てない相手ではない。実際に、世界選手権でブラジルに、ネーションズリーグではトルコにも勝っている。

敵を知り、己を知れば百戦殆うからず。まずは情報収集が欠かせない。

ネーションズリーグ中、われわれ以外の組にもアナリストを送り込み、各国の情報を収集した。さらに、8月中旬から始まる欧州選手権にも情報戦略班を派遣。トルコ、ベルギー、ブルガリアの最新情報をスカウンティングした。通常のデータ分析に加え、選手一人ひとりの癖まで、あらゆる情報を集め、各チームを丸裸にしてくるよう指示した。

そうやって収集した各国のデータをもとに、合宿の後半は各チームを想定した練習を繰り返した。とくにベルギー、トルコ、ブラジルについては、それぞれ3日間ずつの想定練習を2クール行った。

練習相手は男子の選手やコーチだ。彼らをヘルボッツ、バルガス、ガビに見立て、強烈なスパイクを打ってもらうのだ。彼らには事前に想定選手のデータと映像を見せて、打つコースなどを真似してもらった。その上で、ローテーションごとにシミュレーションしていくのだ。

最終的に、男子選手たちにはガビ以上、バルガス以上のスパイクを打ってもらった。そうすれば本番では「練習のときほどじゃない」と感じて、ストレスが減るからだ。今回は現役を引退したばかりの伏見大和がずっと帯同してくれたのだが、彼は身長が２０７㎝もあり、どのポジションもこなせる。想定練習では非常にいい働きをしてくれた。

大会直前、9月9日、10日にはオランダと練習試合を行った。オランダは中国開催のA組に入っている。「中国に行く前に練習試合をしないか?」と提案し、日本に来てもらったのだ。オランダは高さ対策にはもってこいの相手。また、合宿で男子選手とばかり練習していたので、女子選手とやって感覚を取り戻しておく必要もあった。最後の3連戦をイメージして、ナショナルトレーニングセンターで3日間で3試合を行った。

オリンピック予選に臨む準備は整った。すべての課題を１００％克服できたわけではないが、ネーションズリーグのときよりも状態は上がっている。

14名になってからはチームの空気もガラッと変わり、結束力が高まってきた。決起集会も3回行った。1回目は大会を中継するフジテレビのスタッフと。2回目は選手、スタッフで。3回目は古賀が中心となり、選手だけで開いた。

男子の場合、「飲みに行こう!」「飯食いに行くぞ!」「がんばるぞ!」という感じで、すぐにチームがまとまる。それによって10あった力が20になる。

それに対し、女性の集団はなかなかひとつにまとまらない。ただ、いちどまとまると、男子よりも強い結束力を発揮する。10の力が30にも40にもなるイメージだ。逆にそこまでいかないと、オリンピックの出場権を獲ったり、メダルを獲ったりすることはできない。

チームの団結は強まった。しかし、ロンドンのとき、石田瑞穂がもたらしたような〝目に見えない力〟は、まだ発動していない。あとは何かきっかけがあれば……。

ともかく人事は尽くした。あとは天命を待つしかない。

破竹の快進撃

第1戦　日本×ペルー

9月16日、ついに戦いの火蓋が切られた。初戦の相手は南米のペルーだ。

会場の国立代々木競技場第一体育館は超満員。お客さんには金色のスティックバルーンが配られ、会場全体がゴールドに光り輝いていた。われわれの行く手を照らしてくれているかのようだ。

国歌斉唱。日の丸をつけてこの舞台に立つことができる幸福と重みを噛みしめる。

「みんな本当によく練習してきた。できることは全部やった。あとはこの大舞台を楽しんでこい！」。そう言って選手たちを送り出した。

スターティングメンバーは、関菜々巳（S）、井上愛里沙（OH）、宮部藍梨（MB）、林琴奈（OH）、古賀紗理那（OH）、山田二千華（MB）、福留慧美（L）。

ただでさえ緊張する初戦。それに加えて、オリンピック予選独特の緊張感がある。今回、予選の雰囲気を知る選手は古賀のみ。それがどう出るか？

試合の入りはさすがに各選手とも硬くなっていた。しかし、得点を重ねるうちにそれも解けたようだ。途中からは大声援の後押しを受け、生き生きとプレーしていた。

第1セットは25－9と圧倒した。そこで第2、第3セットは積極的に控え選手を使った。その結果、3－0で勝利しつつ、14名全員をコートに送り出し、予選の雰囲気を経験させることができた。

今大会、ミドルブロッカー陣には、「1セット3得点取ってほしい」と話していた。32歳のベテラン、渡邊彩は第3セットで5得点をあげる活躍を見せてくれた。ワンレッグ（サイドに移動し、片足でジャンプしアタックする）が効果的に決まっていた。大会前から好調で活躍の予感はあった。彼女が今回のラッキーガールになるかもしれない。

課題のサーブはまずまずの出来。ただし、サーブは水ものだ。強い相手と戦うときも、この調子で攻められるかどうかがポイントになる。

この日、コンビ面に大きな問題はなかった。関のトスワークもよかった。インタビューに答えて、彼女はこんなコメントを残している。

「悪い状況になると、レフトにボールが集まっちゃうのが負けパターンだったので、真ん中からライトゾーンを意識してました。レフトにはしっかりいい状態で打たせてあげたいなと思います。紗理那さんにはマークが来ると思うので、紗理那さんが決まらなくても勝てるチームを作れるようにと思ってやってきました」

彼女なりに悩み、考え、成長してきたのがうかがえる。

しかし、まだ初戦が終わったばかり。勝負はこれからだ。

第2戦　日本×アルゼンチン

9月17日。第2戦の相手はアルゼンチン。先発は第1戦と同じメンバー。アルゼンチンは勢いに乗ると厄介な相手だが、われわれがスタートダッシュを決めた。初戦に続き、3－0の快勝だ。

技術的に見ると、関の古賀へのトスが速くなりすぎる場面が見られた。そこは古賀がプッシュを多用するなどして対応していた。一方、井上、林、宮部とのコンビは良好。そこで得点を稼ぐことができた。井上が17得点でチームトップ、宮部が13得点、林が11得点、古賀が９得点。

井上は好調を続けている。ミスも被ブロックもチームで一番少ない。井上はサーブレシーブを免除し、アタックに集中させている。それも好調の要因だろう。そのぶんレシーブで古賀に負担がかかっており、古賀の数字の低さはその点を考慮する必要がある。

宮部はクイックの動きこそ遅いが、サイドに流れてのアタックはよく決めていた。夏の合宿で取り組んできた成果だ。彼女の成長がチームの攻撃の幅を広げている。

この日、プエルトリコがベルギーに勝った。プエルトリコには注意しなければならないが、ベルギーはヘルボッツを欠いており、ベストの状態ではないようだ。

第３戦　日本×プエルトリコ

９月18日は試合なし。練習ではコンビネーションの調整をはじめ、２試合で浮かび上がってきた問題点の修正に取り組んだ。

プエルトリコは侮れない相手だ。とくに、１９２㎝、左利きのブリッタニー・アベルクロンビエはワールドクラスのオポジットだ。強烈なスパイクを広角に打ち込んでくる。第１セットはこの選手に11得点も決められてしまった。一進一退の展開となったが、リリーフサーバーで出た石川が23－23の場面でエースを決めて、なんとか25－23で取った。

第2セットも序盤はリードされる苦しい展開となった。ミドルブロッカーは宮部から渡邊に交代。セッターも松井に替えた。これが当たった。

松井はツーアタックなどトリッキーなプレーも交えて、攻撃にリズムを加えた。サーブではアベルクロンビエにストレスをかけ、相手の攻撃を封じた。戦術変更が功を奏し、このセットは25－21。

こうなると日本の流れだ。第3セットは井上が11得点をあげる大活躍。一方的な展開で25－13。終わってみれば、3試合連続のストレート勝ちである。

第4戦　日本×ブルガリア

ブルガリアは14人中6人が10代という若手主体のチーム。大会前から警戒していたが、前日の試合ではブラジル相手に2セットを奪っている。危険な相手だ。

われわれはここまでサーブで攻める戦略がうまく機能している。だが、相手を崩したあと、ブロックで仕留めきれない。3試合終了時点で、チームのブロックポイントは16でB組7位。1位のブラジルは37、2位のトルコは30。この差は大きい。

ブロックが決まるとチームのムードも一気に上がる。ブルガリア戦はブロックをテーマに掲げ、試合前の練習でも、ブロックのコースや手の出し方をあらためて確認した。ミドルブロッカー陣には、「1セットに1本はシャットアウトしよう！」と発破をかけた。

ミドルブロッカーはここまで宮部と山田を先発で使ってきたが、控えの渡邊の調子がいい。そこでブルガリア戦では初めて渡邊をスタートから使うことにした。

スターティングメンバーは、井上（ＯＨ）、山田（ＭＢ）、林（ＯＨ）、古賀（ＯＨ）、渡邊（ＭＢ）、関（Ｓ）、福留（Ｌ）。ローテーションはＳ６に変えた。

渡邊の起用は大当たりだった。この試合、何度もいいブロックを見せて、ブロックだけで３得点をあげた。

ブロックに関して、私はずっと「三つのエリアのうちひとつは捨てていい。割り切れ！」と言ってきた。でも、真面目な選手にはそれができない。「こっちもあるかも」と思って中途半端になってしまう。

ところが、一人だけ割り切る選手が現れた。それが渡邊彩である。データをもとに「ライトは捨てていい。レフトに賭けろ！」と指示すると、いっさい迷うことなくレフトに跳ぶ。そして、シャットアウトする。

渡邊は３年ぶりの代表復帰。ブロックに跳んだときの腕の形がよく、当たればシャットアウトできる技術は持っている。ただ、身長が１７６㎝と低く、高さの点で厳しいと思っていた。ところが、直前合宿で調子を上げてきた。横へのフットワークがよく、ワンレッグでのアタックをばんばん決める。性格的にも明るく、チームにいい雰囲気をもたらしてくれる。

練習が終わったあと、渡邊がふいにこんなことを言ってきた。

「眞鍋さん。私、褒められたら伸びるタイプなんですよ」

私は驚いた。どこかで聞いたことがある言葉。そう、江畑幸子がよく言っていたのとまったく同じ台詞だ。そのとき「ひょっとして……」と思った。しかし、これほど活躍するとは思わなかった。

今大会のラッキーガールは間違いなく渡邊である。彼女がいなかったら、ブルガリア戦も、その後の3試合も、もっと苦戦しただろう。

渡邊の活躍に刺激を受けて奮起したのが、もう一人のミドルブロッカー山田である。彼女はタスクフォースでサーブが最も伸びた選手の一人だ。

練習中、私は山田にこう問いかけたことがある。「24-24でサーブが回ってきたら、どういうサーブを打つ?」。山田は「ミスをしないように、入れにいきます」と答えた。「そうかあ。俺だったら、『チャンス! ここでエースを取ったらヒーローになれる!』と考えるけどなあ」

私がそう言うと、山田はキョトンとしていた。その後、彼女なりにいろいろ考えたのだろう。サーブ練習に力を入れるようになり、実戦でも攻めのサーブを打つようになった。

ブルガリア戦でも、山田のサーブを起点に何度も連続ポイントを取った。サービスエースも4本決めている。

ブルガリア戦は25-20、25-13、25-11でストレート勝ち。マッチポイントでは、途中出場の和田が時速92キロのサービスエースを決めた。

　これですべて３－０の４連勝。思い描いた通り、いや、それ以上の展開である。監督としても想定外。選手が本当によくがんばっている。

第5戦　日本×ベルギー

　中1日の休養を経て、いよいよ勝負の３連戦が始まった。７日間で５試合目。疲労も溜まっているはずだが、選手たちの士気は高い。

　大会前は、ここがひとつの山になると考えていた。しかし、今シーズンのベルギーは監督解任もあり混乱気味。今大会もここまで２勝２敗と振るわない。とはいえ、高さのあるチーム。油断はできない。

　この試合も、ブルガリア戦で採用した新しい布陣でスタートした。第1セット、お互いにサイドアウトを重ね、互角のままデュースに突入。４度目のセットポイントをようやくものにし、28－26。このセットを取り切れたのが大きかった。

　スタートで先行すれば、強気のサーブで攻めていける。サーブで攻めれば主導権を取れる。ベルギー戦でもその好循環に持ち込むことができた。第2セットを25－18、第3セットも25－14で連取し、またもや３－０のストレート勝ち。

　コンビの問題も、徐々に改善している。古賀らアタッカー陣だけでミーティングを開き、「セッターを育てる意識を持とう」と話したようだ。

関は「これまで相手のブロックがよく見えていなかった」と言っていた。「相手はこうなっているはず」というイメージだけでトスを上げていたのだ。視野を広く持つ余裕がなかったのだろう。

そんなとき、中道瞳がプエルトリコ戦、ブルガリア戦を見に来てくれて、「ミドルをもっと使うといいんじゃない？」とアドバイスしたそうだ。東レで指導してもらった中道の言葉が、緊張を解きほぐしてくれたのだろう。ベルギー戦の関はリラックスして、よくまわりを見てプレーしていた。ミドル、とくに渡邊のブロード攻撃をうまく使っていた。

リベロはここまで福留をメインに起用してきたが、この試合から西村との併用にした。サーブレシーブは西村が入ると安定する。ただし、ディグはやはり福留がいい。ここまでディグの成功率はB組で2位につけている。強い相手になると、やはり2人の長所をフル活用しないと対応できない。

細かな問題はあるが、ここまで無傷の5連勝、失セット0で来たのはきわめて大きい。この日、トルコ×ブラジル戦もあり、トルコが3－0でブラジルを破った。明日、われわれがトルコに3－0か3－1で勝てば、その時点でパリ行きが決まる。

トルコとの過去の対戦成績は11勝10敗。直近のネーションズリーグでも勝っている。しかし、いまのトルコにはバルガスがいる。まったく別のチームになっており、トルコがいま世界最強のチームであるのは誰の目にも明らかだ。

普通にやれば力の差が出るだろう。でも、われわれもトルコ対策を徹底的にやってきた。選手たちは本当によく練習してきた。掛け値なしに、練習量は私が指揮したチームの中でも一番だ。

ホームアドバンテージもある。会場には連日１万人近い観客が詰めかけ、大声援を送ってくれている。その力も借りて、一球一球を大切に、必死にディフェンスして、粘り強く戦いたいと思う。守って守って長いラリーを制する。そうすれば必ず勝機が見えてくるはずだ。

明暗を分けた１点

第６戦　日本×トルコ

残り２戦。最大の山場を迎えた。

古賀は昨日の試合のあと、「明日、明後日と強豪国と当たるので、すごくわくわくしている」と語っていた。選手たちもようやくプラス思考をしてくれるようになった。

トルコ×ブラジル戦の映像を分析したところ、トルコはサーブレシーブに穴があることが分かった。そこをサーブで崩して、バルガス、カラクルトにＡパスを上げさせないこと。さらにブロックでコースを絞り、しっかりレシーブを上げて反撃する――それが基本戦略になる。

もちろん、これまで同様、各セットに最大の集中力で入り、先行逃げ切りを狙うことが重要だ。

スターティングメンバーは第4戦、第5戦と同じく、井上（OH）、山田（MB）、林（OH）、古賀（OH）、渡邊（MB）、関（S）、福留（L）。

じつは大会前には、それとは異なるメンバーでいこうと考えていた。ところが、ここまで5戦すべてストレート勝ちしたことで迷いが生じた。勝っているときはメンバーをいじらない——それがチームマネジメントのセオリー。もし、5戦のうち、どこかでセットを取られたり、苦戦したりしていたら、トルコ戦はスタメンを変更していたと思う。

ウォームアップでバルガスがサーブやスパイクを打つたびに、観客席からはどよめきが起きた。叩きつけられたボールは、高くバウンドして観客席に飛びこんでいく。

そのバルガスとマッチアップするのがレフトの古賀だ。古賀はブロックがいい。サーブで崩していけば、けっしてバルガスにひけはとらないはずだ——と思っていたら、第1セット開始早々に、古賀がバルガスをシャットアウトした。さらに、渡邊がカラクルトを止める。〝怪物〟を怖がることなく、堂々と渡り合っている。

ブロックとレシーブの連動もうまくいき、福留がいいディグを上げる。

サーブはトルコのアウトサイドヒッター、バラディンを狙い、これも有効に働いている。

7－3でわれわれがリードしたところで、トルコのダニエレ・サンタレッリ監督がタイムアウトをとった。ここまでは日本のペース。事前に立てた作戦がピタリとはまっている。逆に、トルコの選手たちは思うようなプレーができず、いらいらしている。17－11でトルコが再びタイムアウト。その後もわれわれはプラン通りのプレーを遂行。終盤は石川、和田をリリーフサーバーとして投入。25－22で第1セットを奪った。

第2セット、トルコは選手を入れ替え、ローテーションも変えてきた。マッチアップがずれ、バルガスが調子を上げてきた。第1セットは4得点に抑え込んだが、第2セットは7得点を許してしまった。

ただ、ポイントはわれわれがリードし、先に20点に到達。渡邊のブロックも好調だ。カラクルトを止め続け、ついに交代に追い込んだ。

第2セットもわれわれのペース。このままいけば……と思った終盤、トルコに追い上げられ、22－21になった。タイムアウトをとり、いちど流れを切った。ここからが正念場だ。

しかし、次のポイント、トルコのアイドゥンのサーブを、リベロの西村がウォッチして見送った。結果はエンドラインぎりぎりのイン。エースになってしまった。俄然、トルコが勢いづく。そのまま逆転され、22－25で第2セットを奪われた。

流れはトルコに傾きかけている。第3セットから石川＆和田に切り替える手もある。ただ、ひとつ不安があった。和田はまだ代表経験が浅く、オリンピック予選も初めて。武器のジャンプサーブも、競っている場面ではミスをすることが多かった。

また、この試合も井上、林の調子はよく、スパイク効果率も高い。悩んだとき、私は早めに手を打つほうだ。しかし、この時点ではまだ動くべきではないと判断した。

第3セットも接戦になった。7－9とリードされた場面でタイムアウトをとり、林に替えて和田を入れた。しかし、サーブで和田が狙われる。8－14になったところで、井上に替えて石川を投入した。さらにミドルブロッカーは山田から宮部に交代。

宮部がバルガスをブロックして、反撃の狼煙を上げた。流れは日本。関のブロックで21－21の同点に追いついた。バルガスのバックアタックを石川がブロックして24－22。セットポイントを握った。会場のボルテージは最高潮だ。

バルガスに1点返され、24－23。ここで関は和田のライトからのバックアタックに賭けた。決まったかと思いきや、和田がアタックラインを踏み越えていたと判定された。24－24でデュースへ。

バレーボールは流れのスポーツ。こうした小さなミスで流れが変わってしまうことがある。最後はラリー中にダブルコンタクトの反則をとられ、24－26。第3セットを落とした。

失った流れを取り戻すのは難しい。しかも、トルコが相手となればなおさらだ。第4セットはダムが決壊したかのような怒濤の攻撃にさらされた。ワンサイドゲームになってしまい、12－25で終了。セットカウント1－3。今大会初の、そしてあまりにも痛い敗北を喫してしまった。

トルコの選手たちはパリオリンピック出場を決めたチームに贈られる「ROAD TO PARIS」と書かれたキャップをかぶり、コートを駆け回って喜びを爆発させている。われわれは応援してくれた観客に一礼して、すぐにロッカールームに引き上げた。

試合前、私は3－1で勝つイメージを持っていた。作戦がはまり、第1セットを取り、第2セット、第3セットも互角の戦いを演じることができた。対策練習の効果はあった。

ところが、勝負所で、西村のウォッチ、和田のアタックラインの反則というミスが出てしまった。普段の彼女たちなら犯さないミスである。オリンピック出場をかけた一戦。セットを取れるかどうかの瀬戸際。そういう場面では、小さなミスひとつが勝負を分ける。

和田のミスについて言えば、彼女だけを責めることはできない。あの場面、石川がレフトにいた。第3セット、石川は6得点と当たっていた。私はあの場面、頭の中で「ここは石川や!」と思っていた。ところが、関はライトのバックアタックを選んだ。その判断はどうだったのか……。あくまで結果論。どちらが正しかったのかは分からない。

ただ、セッターは結果で評価されるのが宿命。もちろん関自身が一番悔しいはずだ。彼女には自分の選択がどうだったのか、とことん考え抜いてほしい。

あの場面については、私自身も反省している。その数ポイント前、関が私のほうを見てきたので、「4番」、つまり石川というサインを出した。ところが、あの場面ではこちらを見なかった。おそらくプレーに必死で見る余裕がなかったのだろう。私のほうから一声かけるべきだったのかもしれない。

4人のアタッカーの中から誰を選ぶか。これは本当に難しい。打つのはひとり。スパイカーには悪いが、いかに他の3人をおとりにするかがセッターの腕の見せどころだ。レフトに上げると見せかけてライトに行く。あるいはバックアタックを使う。意表を突いてツーアタックもある。

すべての選手をバランスよく使えばいいというものじゃない。ラッキーガールがいれば、そこに上げ続けるのも手だ。

セッターはずる賢くなければだめだ。いつもセオリー通りのプレーをしていたら、相手にも読まれてしまう。関の場合、真面目さが裏目に出ることがある。研究熱心で努力家。試合前は相手の映像やデータをひとり黙々と見て、「傾向と対策」を練っている。準備は大事だ。しかし、試合中の駆け引きは、もっと臨機応変でいい。

トルコ戦。和田も西村も関も反省しているだろう。若い彼女たちにはこれも糧になるはず。ミスをして、悩み、反省し、次につなげる。そうやって一歩一歩ステップアップしていくしかない。失敗は成長のチャンスでもある。

試合全体で見れば、選手たちは持てる力をすべて発揮し、懸命に戦ってくれたと思う。それでも勝てなかったのは、やはり実力差だ。

とくにトルコはサーブがよかった。バルガスの１００キロを超えるサーブは、間近で見ると凄まじいの一言。強いサーブでストレスをかけられ、われわれのサーブレシーブはズタズタにされてしまった。

一方、収穫もあった。ブロックではトルコの８得点を上回る９得点をあげた。そのうち渡邊が４得点。これは大いに評価したい。石川のサーブレシーブ、宮部のブロック、松井のトス、交代で出た選手もそれぞれいいプレーを見せてくれた。課題だったコンビも、試合を経るごとに改善している。

まだ勝負は終わっていない。パリへの切符はもう一枚ある。それを獲るのは、われわれかブラジルか。明日の一戦にすべてがかかっている。

運命の一戦

第７戦　日本×ブラジル

９月24日。予選の最終日。今日、勝てばオリンピック出場が決まる。状況は明快。すっきりした気分で運命の日を迎えた。

先発はトルコ戦と同じメンバー。井上愛里沙（ＯＨ）、山田二千華（ＭＢ）、林琴奈（ＯＨ）、古賀紗理那（ＯＨ）、渡邊彩（ＭＢ）、関菜々巳（Ｓ）、福留慧美（Ｌ）。

2003年以降のブラジルとの対戦成績は5勝52敗。スタメン6人の平均身長で見ると、日本は177㎝、ブラジルは189・3㎝。圧倒的な差がある。不利な点をあげればきりがない。

だが、けっして勝てない相手じゃない。全盛期に比べるとブラジルの力は落ちてきている。ガビ・ギマラエスには注意しなければいけないが、対策練習を繰り返してきた。

試合前のミーティングでは、こんな話をした。

「当然、ブラジルも今日の一戦はすごい勢いで来ると思うよ。われわれはそれ以上の気迫を持たないと勝てない。一本やられたら二本やり返す。そういう強い気持ちで戦おう。今日は本当の総力戦。1セット目、1点目から最大集中していこう!」

第1セット、ブラジルはスタートから全力で攻めてきた。序盤はリードされたが、粘り強くラリーを続け、着実に追い上げていく。中盤は一進一退のシーソーゲーム。終盤、21-21に追いついたが、そこから連続ポイントで突き放された。第1セットは21-25。

トルコ戦同様、サーブで押し込まれている。リベロは福留と西村を併用し、サーブレシーブは西村が受け持っているが、Aパスが上がったのはわずか4本。その数少ないチャンスもスパイクが決まらず活かせなかった。

第2セットは、われわれのスタートダッシュが決まった。山田のサーブ時に連続ポイント。8-1まで一気にリードを広げることに成功した。

渡邊のブロックもいい。マッチアップする相手は、１９６㎝のタイーザ・メネセス。ブラジルが北京オリンピック、ロンドンオリンピックで金メダルを獲得したときのミドルブロッカーだ。今年、久しぶりに代表に復帰してきた。もう36歳のベテランだが、高さ、パワーは健在。だが、そのタイーザのスパイクを、１７６㎝の渡邊が止めている。タイーザにはこれまで何度も煮え湯を飲まされてきたが、こんなに苦しんでいる彼女は初めて見た。渡邊のパフォーマンスには、おそらく全世界が驚いただろう。さすがのブラジルも焦り、混乱しているのが分かる。

前半はわれわれが主導権を握ったが、後半、ブラジルもガビの連続ポイントで追い上げてきた。20－20に追いつかれたあとは痺れる展開が続いた。勢いに乗ったガビを止めることができない。このセット、彼女は13本中10本のスパイクを決めるという離れ業を演じた。なんという集中力。

ところが、そのガビが珍しくサーブをミスして、23－22。これで流れが変わった。最後は山田がサービスエースを決めて25－22。１セット返すことに成功した。

第３セットは競り合いが続いた。途中出場の石川が好調。次々にスパイクを決め、このセット８得点をあげた。渡邊のブロード攻撃、古賀のマッハも決まる。

お互いサイドアウトを繰り返しつつ、20－19。日本が先に20得点に乗せた。しかし、ここでガビに再びスイッチが入った――というのは、プロローグに書いたとおり。24－24のデュースに入ったところで、タイムアウトをとって一拍置いた。その直後、古賀がスパイクを決めて25－24。セットポイントでサーブは古賀。しかし、このサーブを古賀がネットにかけてしまう。

逆にブラジルはサービスエースで25－26。再びタイムアウトをとったが、流れを変えることはできなかった。ブラジルのジュリア・バーグマン（ＯＨ）のスパイクがエンドラインぎりぎりに決まり、25－27。セットカウントは１－２。

あとがなくなった。われわれとしては開き直って攻めるしかない。第3セットはセッターを松井にしていたが、第4セットから関に戻した。また、アウトサイドヒッターは古賀の代わりに、いちど下げていた井上を入れた。つまり、石川、林、井上の組み合わせである。

古賀を下げたことを意外に思った人も多かったようだ。試合後の記者会見でも理由を聞かれた。たしかに第3セットまで、古賀は6、5、7得点をあげ、1セット5得点を上回っていた。ブロック、レシーブでの貢献度も高い。しかし、相手からのマークが厳しく、被ブロックやミスが多かった。得点は取っていたものの、じつは効果率が11・76％まで下がっていたのだ。彼女の場合、効果率がここまで下がると、V字回復は望めない。それは過去のデータからはっきりしていた。

試合前から、各選手の決定率や効果率が何％になったら交代するというプランはある程度決めてある。アナリストはたえず数字をチェックし、危険水域に達すると、ベンチに情報を入れてくる。もちろん、数字だけでなく、私が自分の目で選手を見て総合的に判断するのだが、この試合、アナリストからはずっと「古賀の数字を見てください！」と言われていた。

どんなに優れた選手でも、好不調の波はある。残念ながら、この試合の古賀は悪いサイクルに入っていた。このままプレーさせても、チーム全体のパフォーマンスにとってはマイナス。こういうときのために、さまざまなオプションを試し、練習を重ねてきた。いまはそれを使うべきだろう。

この試合、林は57・14％、石川は40・74％、井上は22・50％の効果率をあげている。数字で決めたと言うと冷徹に聞こえるかもしれないが、あの場面で古賀を交代させたのは正しい判断だったと思う。

実際、第4セットで、われわれは逆襲に成功した。ブラジルは「勝てる」と思って余裕が出たのか、一瞬、緊張が緩んだ。われわれはその隙を逃さなかった。ジュリアを狙ってサーブで圧力をかけ、渡邊、山田がブロックでガビを止める。ブラジルのリズムを崩し、主導権を握った。20－12の大量リードで終盤に入り、その後も反撃を許さず25－15。これでセットカウントは2－2。フルセットに持ち込むことに成功した。

第4セットまでに、日本はサービスエース8本（ブラジル1本）、ブロック12本（ブラジル11本）。われわれの戦術はうまく機能している。流れもこちらにある。

以前は、ブラジルが本気になる前に負けていた。去年は一勝一敗。そして、今日はブラジルの目の色が変わり、必死になっているのが分かる。勝機はある。

「ここから残り10分は気持ちだ。それしかないぞ！」。選手たちに発破をかけた。

しかし、コート上にオリンピック予選を経験したことのあるメンバーはいない。まして や最終戦のファイナルセット。緊張するなと言っても無理がある。

硬くなった日本の選手たちに、ブラジルは猛獣のごとく襲いかかってきた。いきなり0－3とリードを奪われる。強いチームに先行されると、サーブで圧力をかけられ、どうしても苦しい展開になる。

それでも粘り強くラリーを続けて挽回。10－10に追いついた。ところが、そのあとは自分たちのプレーがまったくできなかった。ブラジルが送りこんだリリーフサーバー、プリシラ・ダロイトのサーブがエンドラインぎりぎりに決まって10－13。

最後は福留のサーブレシーブが乱れ、関が拾えず、ボールが床に落ちた。10－15。セットカウント2－3。

あと一歩。ほんのわずかの差だった。でも、それが大きい。掴みかけたパリへの切符は、指の隙間からするりと滑り落ちた。

昨日のトルコに続き、ブラジルの選手たちはキャップを受け取り、喜びを爆発させている。ジョゼと握手し、「おめでとう」と伝えた。

うつむくメンバーを古賀が励ましている。泣き崩れる関の肩を松井が支える。彼女たちのこれまでの努力を考えると、勝たせてやれなかったことに監督として胸が痛んだ。

ただ、これで終わったわけじゃない。パリオリンピックに向けた戦いは来年も続く。この7試合、とくにトルコ、ブラジルとの戦いは選手たちにとって、かけがえのない財産になったはずだ。世界のトップチームとの真剣勝負。いままで感じたことのない重圧。思うように動かない頭と体。オリンピック予選でしか経験できないことがある。

それは必ず来年の戦いに活きるはずだ。

*

オリンピック予選B組の最終結果は以下の通り。1位トルコ（7勝0敗）、2位ブラジル（6勝1敗）、3位日本（5勝2敗）、4位プエルトリコ（4勝3敗）、5位アルゼンチン（3勝4敗）、6位ベルギー（2勝5敗）、7位ブルガリア（1勝6敗）、8位ペルー（0勝7敗）。

A組では、ドミニカ共和国が大波乱を巻き起こした。セルビア、中国に勝って1位通過を果たしたのだ。2位はセルビア。中国は4位に沈み、出場権を得られなかった。

C組は順当にアメリカが1位。2位には開催国のポーランドが入り、オリンピック出場を決めた。押し出される形になったのがイタリアである。

中国やイタリアのような強豪国でも勝ち抜けないことがある——やはりオリンピック予選には魔物が棲んでいるようだ。

「世界と戦う」を日常にする

「Breakthrough」「ＯＶＥＲＴＡＫＥ」。世界の壁を破り、追い抜く。この2年間、そういうスローガンを掲げてやってきた。まだ差はある。だが、少しずつ縮まっている手応えもある。

2年前にチームを立ち上げたとき、世界と戦えそうな選手は古賀、井上、石川ぐらいしかいなかった。それがこの2年間で、選手たちは格段に成長し、和田をはじめ何人も有望な若手が台頭してきた。

誰よりも成長したのは古賀かもしれない。役職が人を作ると言うが、彼女はキャプテンになってから変わった。古賀はコート上でも、ベンチでも人一倍声を出す。だから、試合が終わると、いつも声ががらがらに枯れている。プレーで引っ張るだけでなく、言葉でもキャプテンシーを発揮し始めたのだ。とくにオリンピック予選の前には彼女が中心になって何度もミーティングを開き、若手に自分の経験を伝え、チームをひとつにまとめ上げてくれた。

日本の女子バレー界は、中高にカリスマ指導者が多いせいか、だいたい監督から選手へのトップダウン、一方通行のコミュニケーションが主流だ。それに慣れてしまった選手は、監督への依存度が高い。「この練習をやれ」と言うと、本当に一生懸命やるのだが、創造力に欠けるきらいがある。

私としては、練習でもミーティングでも選手に問いかけ、自分で考えさせるように努めている。古賀はキャプテンになってから、積極的に意見を言うようになった。意見を言えば、自分の言葉に責任を負うことになる。自らに責任を課し、プレッシャーをかけ、有言実行する。それによって人は成長する。

＊

オリンピック予選終了後、データを分析しながら、われわれに足りなかったものについて考えた。

技術的にはサーブとサーブレシーブだ。チーム力が拮抗し、競った試合になるほど、その二つが勝負を左右する。

サーブについてはタスクフォースの効果が出て、各選手とも明らかに意識が変わり、技術も向上した。課題だったジャンプフローターサーブの効果率も上がった。

ところが、サーブレシーブが勝負所で崩れてしまった。突き詰めていくと、それが今回の一番の敗因だ。ディグもよくない。日本はレシーブがいいイメージがあるかもしれないが、トップチームと比較すると、ディグの数字も負けている。サーブレシーブとディグの強化は急務だ。

トルコ、ブラジルとは歴然とした力の差があった。ただ、勝負は紙一重だった。とくにブラジル戦の総得点は106-104でわれわれが勝っていた。それでも試合に負けたのは、勝負強い選手がどれだけいたかの差だと思う。

絶対に決めなければいけないところで決められるかどうか。「勝負強さ」が世界のトップ6と日本との差だ。

最終セットでブラジルが見せた集中力、勝負に対する執念、したたかさ。それがわれわれには足りなかった。ブラジルの選手たちはファイナルセットでの得点の取り方、勝ち方を知っていた。彼女たちはオリンピックや世界選手権で数多くの修羅場を経験している。中でもガビは目の色がまったく違った。彼女こそ本物のプロ、勝負師だ。最後は技術ではなく、気持ちで負けたのだと思う。日本の選手も「勝ちたい」と思っていただろう。でも、ブラジルの選手は「絶対に勝つ」と思っていたはずだ。

私は自他ともに認めるプラス思考の人間だが、ある専門家からこう言われたことがある。「眞鍋さんはいつも断言しますよね。それはプラス思考の人の特徴なんです」。言われてみれば思い当たるフシがある。試合前には「絶対に勝つ」と思う。サーブが回ってきたら「絶対に崩す」と思っていた。

今回、勝負所になると、ガビは何度も自分に向かってしゃべりかけていた。おそらく「絶対に勝つ」「私が決める」と自分に暗示をかけていたのだろう。「勝ちたい」「がんばろう」では弱い。「勝つ」「決める」と断言できるかどうか。そこに勝負の分かれ目がある。

どうしたら、ガビのような強いメンタルを持った選手を増やせるのか？　われわれもいろんな取り組みをしているが、なかなか一朝一夕には変わらない。

一番早いのは、海外で戦うプロ選手が増えることだろう。たとえば今回、井上愛里沙が活躍できたのは、フランスリーグを経験したことが大きいと思う。日常的にヨーロッパの大きい選手と練習し、試合をしてきた。だから、代表で世界のトップチームと当たっても、いつも通りのプレーができる。

オリンピック予選のあと、石川真佑はイタリアへ旅立った。一流選手が集まるセリエＡでの経験は、彼女を大きく成長させるに違いない。

セッターの松井珠己はブラジルに渡った。彼女なりに自分を変えたいと思っているのだろう。日本の企業チームの恵まれた環境とはまったく異なる世界での挑戦。カルチャーショックも大きいだろう。でも、きっと多くのことを学んで帰ってくるはずだ。

また、今回はメンバーに入らなかったが、セッターの田代佳奈美がトルコリーグのガラタサライに移籍した。

トルコのトップ４チームからオファーが来るようになれば、一流選手の証しだ。理想を言えば、そういう選手が日本でも増えてほしい。

一方、国内でも大きな変化が起きようとしている。Ｖリーグを再編成し、２０２４－25シーズンから「Ｓ－Ｖリーグ」を新設することが決まったのだ。ＪリーグやＢリーグのような地域密着型のクラブチームによるプロリーグが、ついにバレーでも始まる。すぐに全員がプロ契約になるわけではないが、選手たちの意識は大きく変わるだろう。

Ｓ－Ｖリーグは、２０３０年までに世界最高峰のリーグを目指すと宣言している。つまりイタリアやトルコのように、海外のトップ選手が集まるリーグにしようというのだ。これには私も大いに期待している。

男子のイタリア代表が強くなったのは、セリエAができて、外国人枠を4人に拡げてからだ。女子ではまさにトルコ代表が同じパターンで強くなった。

プロ化、国際化に反対する意見として、「外国人選手が増えると、国内の選手が育たない」というものがある。イタリアでもその議論はあったと聞く。しかし、結果は逆。海外のトップ選手と戦うことで、国内選手の力も上がった。日常的に世界のトップと戦っていれば、必然的にメンタルが鍛えられる。プロとして生活をかけて戦えば、ハングリー精神も強くなる。

日本が今後、世界選手権やオリンピックでメダルを獲るためには、プロ化、国際化は避けて通れない道だ。Ｓ－Ｖリーグの効果が現れるのは数年先のことになるだろうが、日本バレー界の未来のためにも、協力できることは何でもしたいと思っている。

大きい視点で見れば、女子バレーボールには大きな可能性があると、私は考えている。

世界的に見て、女子で競技的、商業的に成功しているプロスポーツはそれほど多くない。テニスとゴルフぐらいだろう。じつはバレーボールの競技人口は世界で5億人。サッカーやバスケットボールよりも多く、すべてのスポーツの中で1位だ。

他のスポーツの場合、パワーやスピード、迫力の面で男子のほうが人気だが、バレーの場合は女子の人気が高い。男子よりもラリーが続くから、見ていておもしろいと感じる人が多いようだ。

たとえば、アメリカのバレーボール人口は、男子より女子のほうが多く、大学リーグの監督は、何億円もの年俸をもらっている。ヨーロッパでは各国ともバレーが文化として根付いている。エージェントに聞くと、最近はイタリアでも女子の人気が上がっているそうだ。日本の漫画『ハイキュー!!』の影響もあって、東南アジアもバレーブームに沸いている。

そういった世界の状況を見ると、女子のプロスポーツとして成功する可能性が一番高いのは、じつはバレーボールなのではないだろうか。S－Vリーグが起点となって、世界的な女子バレーブームが起き、一大マーケットができる――そんなことも夢想している。

パリへの秘策

パリオリンピックの出場権獲得は2024年に持ち越しになった。ただ、そうなった場合のプランBも進めてきたことは、すでに説明した通り。

出場権の残りの枠は、2024年のネーションズリーグ予選ラウンド終了時点、6月17日の世界ランキングで決められる。現状（2023年シーズン終了時点）の世界ランキングは以下の通りだ。


1位トルコ（397・46）、2位アメリカ（358・62）、3位ブラジル（352・55）、4位セルビア（350・86）、5位イタリア（338・97）、6位中国（329・65）、7位ポーランド（327・89）、8位ドミニカ共和国（308・86）、9位日本（305・09）、10位オランダ（287・94）、11位カナダ（265・66）、12位ドイツ（228・36）、13位タイ（222・00）、14位ベルギー（199・57）。


2023年はなんといってもトルコの躍進がめざましかった。前年の7位から一気に1位にまで上り詰めた。

日本はトルコ、ポーランド、ドミニカ共和国に抜かれ9位。前年の6位から三つ順位を落としてしまった。順位で言えば、東京オリンピック終了時点に戻ってしまった恰好である。しかし、ポイントは当時より40点も高い。2022年にスタートダッシュをして稼いだ貯金が効いている。

すでにオリンピック出場を決めているのは開催国のフランスと、トルコ、アメリカ、ブラジル、セルビア、ポーランド、ドミニカ共和国の７カ国。さらにアジア、アフリカ大陸最上位国の各１枠があるので、残る椅子は三つ。現状の世界ランキングで言うと、アジア最上位枠で中国、アフリカ最上位枠でケニア、残るランキング上位国からイタリア、日本、オランダが出場権を得られることになる。

しかし、それは順位変動がなければの話。ネーションズリーグの予選ラウンドは12試合ある。すでにオリンピック出場を決めている強豪国がベストメンバーを出してこないようなことがあれば、大きくポイントが変動する可能性がある。それを考慮すると11位のカナダあたりまでが、ぎりぎりオリンピック圏内ということになるだろうか。

とはいえ、日本とカナダとは40ポイントの差がある。よほどのことがなければ、出場権は獲得できると考えている。

ただ、スポーツの国際大会の裏側では虚々実々の駆け引きが行われる。すでにオリンピック出場を決めている国と、ジャンプアップを狙う国が談合する可能性もないとは言えない。けっして油断はできない。

ネーションズリーグと世界ランキングのあり方については、いろいろと思うところはある。ＦＩＶＢ（国際バレーボール連盟）には意見もした。しかし、決まってしまったものは仕方ない。

われわれにできるのは、ともかくネーションズリーグに向け、最高の準備をすること。そして、１週目からスタートダッシュし、ひとつでも多く上位のチームを倒すことだ。もちろん下位のチームに取りこぼすことは許されない。

ネーションズリーグ2024の開催地と対戦国は以下のように決まった。

●第1週（トルコ・アンタルヤ）5月15日トルコ、16日ブルガリア、17日ドイツ、19日ポーランド
●第2週（中国・マカオ）5月28日ブラジル、30日フランス、31日中国、6月1日ドミニカ共和国
●第3週（日本・北九州市）6月12日韓国、13日カナダ、15日セルビア、16日アメリカ

ネーションズリーグ第3週を日本で戦えることになった。これは大きな強みだ。ファン、関係者の力も借りながら、日本バレー界の総力をあげて、オリンピックの出場権を獲りにいきたい。

一方で、本大会についても戦略、対策を考えている。当初は2023年に出場を決め、300日かけてじっくり準備をしたいと思っていた。でも、いまはネーションズリーグを戦うことが、オリンピックの準備にもなると考えている。

しかも、日本開催の4試合はオリンピック予選並みの注目を集めるだろう。そこで出場を決め、みなさんに祝福されながら最高の状態でオリンピックに向かう——その

シナリオのほうがいいかもしれない。

オリンピック本大会の組分けを考えると、開催国のフランスとアフリカのチームがいる組に入るのが理想だ。そのためには世界ランキングを5～6位に上げる必要がある。そういう意味でも、ネーションズリーグが鍵を握っている。

オリンピック本大会の目標は、現時点では決めていない。出場が決まったときに発表するつもりだ。いきなりメダルと言っても、現実味がない。東京オリンピックと世界選手権の結果を踏まえて、まずはベスト8を目指すことになると思う。

だが、ネーションズリーグ、世界ランキング、オリンピックの組分け、すべてがシナリオ通りに進めば、ベスト4もありうる。なんらかの〝見えない力〟が働けば、ミラクルが起きる可能性はある。

私が好きな言葉を書き写しているノートには、大きな文字でこう書いてある。

「夢は必ずかなう」

夢を描くことからすべては始まる。監督としてオリンピックに挑むのは3度目。どこまでもプラス思考でいきたいと思っている。

エピローグ

One team One dream 一心一夢 2024年7月パリへ

いよいよオリンピックイヤーが始まった。

勝負の年。2024年は2月26日の合宿スタートの段階からメンバーを絞り込み、日本代表選手として24名、練習生（※）として2名、合計26名を選んだ。

（S）岩崎こよみ、関菜々巳、松井珠己、中川つかさ

（OH）林琴奈、古賀紗理那、石川真佑、田中瑞稀、井上愛里沙、オクム大庭冬美ハウィ、黒後愛、和田由紀子、※バルデス・メリーサ、長内美和子、佐藤淑乃

（MB）渡邊彩、山田二千華、宮部藍梨、平山詩嫣、荒木彩花、※サンティアゴ・アライジャダフニ、山中宏予

（L）山岸あかね、小島満菜美、福留慧美、西村弥菜美

練習生の二人、バルデス・メリーサとサンティアゴ・アライジャダフニは、ともに日本で6年にわたってプレーし、現在、日本国籍に帰化申請中である。帰化が認められれば、重要な戦力になる。黒後愛は、私が代表監督に復帰してからは初招集。東京

オリンピック出場後、一時休養していたが、昨シーズン埼玉上尾メディックスに移籍して復活した。彼女がどこまでやれるか期待している。

国内リーグを終えた選手から、徐々に合宿に集まってきている。じっくりミーティングを重ね、チームビルディング、みんなの気持ちをひとつにする作業に時間をかけたいと思っている。そして、Vリーグ・ファイナルを終えた選手、海外組が合流してから、本格的な練習に入る。

「One team One dream 一心一夢」

〜一つの心でひとつの夢を摑む
2024年のバレーボール女子日本代表のチームスローガンだ。

監督以下、選手、スタッフが一丸となって、まずはネーションズリーグ2024開幕戦、5月15日に敵地アンタルヤで、世界ランキング1位のトルコから勝利をもぎ取る。そして、ネーションズリーグ予選ラウンド3週目、6月12日から北九州市で行われる韓国、カナダ、セルビア、アメリカとの最終決戦を乗り越えて、世界ランキング10位以内をキープ。女子日本代表監督復帰時に「必達目標」として掲げた7月からのパリオリンピックへの出場を果たす。

選手たちには、キャプテン古賀を中心に一人ひとりが自分の役割を追求してほしい。彼女たちとなら、必ず達成できる、と私は確信している。

われわれの「夢」は、オリンピックに出ることではない。その先に、ある。

2023

ネーションズリーグ2023　7位

予選ラウンド

5月30日　VS. ドミニカ共和国　○3－1　@名古屋
6月2日　VS. クロアチア　○3－0　@名古屋
6月3日　VS. ブルガリア　○3－0　@名古屋
6月4日　VS. 中国　●0－3　@名古屋
6月13日　VS. セルビア　●2－3　@ブラジル
6月15日　VS. 韓国　○3－0　@ブラジル
6月16日　VS. ドイツ　●2－3　@ブラジル
6月17日　VS. アメリカ　○3－2　@ブラジル
6月28日　VS. トルコ　○3－2　@タイ
6月30日　VS. オランダ　●1－3　@タイ
7月1日　VS. タイ　○3－0　@タイ
7月2日　VS. イタリア　●1－3　@タイ

ファイナルラウンド準々決勝

7月13日　VS. アメリカ　●1－3　@アメリカ

パリ五輪予選／ワールドカップバレー2023　3位

9月16日　VS. ペルー　○3－0　@東京
9月17日　VS. アルゼンチン　○3－0　@東京
9月19日　VS. プエルトリコ　○3－0　@東京
9月20日　VS. ブルガリア　○3－0　@東京
9月22日　VS. ベルギー　○3－0　@東京
9月23日　VS. トルコ　●1－3　@東京
9月24日　VS. ブラジル　●2－3　@東京

2024（試合日程）

ネーションズリーグ2024

予選ラウンド

5月15日　VS. トルコ　@トルコ
5月16日　VS. ブルガリア　@トルコ
5月17日　VS. ドイツ　@トルコ
5月19日　VS. ポーランド　@トルコ
5月28日　VS. ブラジル　@マカオ
5月30日　VS. フランス　@マカオ
5月31日　VS. 中国　@マカオ
6月1日　VS.ドミニカ共和国　@マカオ
6月12日　VS. 韓国　@北九州
6月13日　VS. カナダ　@北九州
6月15日　VS. セルビア　@北九州
6月16日　VS. アメリカ　@北九州

☆6月17日付世界ランキング アジア1位 or
　出場決定済みの7カ国、アジア、アフリカ1位を除く
　上位3カ国に入れば、パリ五輪出場決定
☆パリ五輪女子バレーボール 7月27日開幕

バレーボール女子日本代表　2022-23試合結果

2022

ネーションズリーグ2022　7位
予選ラウンド
6月 1日　VS. 韓国　○3－0　@アメリカ
6月 2日　VS. ドイツ　○3－2　@アメリカ
6月 4日　VS. ドミニカ共和国　○3－1　@アメリカ
6月 5日　VS. アメリカ　○3－0　@アメリカ
6月14日　VS. ポーランド　○3－0　@フィリピン
6月16日　VS. ブルガリア　○3－0　@フィリピン
6月17日　VS. タイ　○3－0　@フィリピン
6月19日　VS. 中国　○3－1　@フィリピン
6月29日　VS. オランダ　●2－3　@カナダ
7月 1日　VS. トルコ　●1－3　@カナダ
7月 2日　VS. セルビア　●1－3　@カナダ
7月 3日　VS. ベルギー　●2－3　@カナダ
ファイナルラウンド準々決勝
7月13日　VS. ブラジル　●1－3　@トルコ

パリ五輪プレ大会　1位
9月 9日　VS. ベルギー　○3－0　@フランス
9月11日　VS. アルゼンチン　○3－0　@フランス
9月13日　VS. フランス　○3－0　@フランス
9月15日　VS. カナダ　○3－0　@フランス
9月17日　VS. コロンビア　○3－0　@フランス
9月18日　VS. フランス　○3－1　@フランス

世界選手権2022　5位
第1次ラウンド　D組
9月25日　VS. コロンビア　○3－0　@オランダ
9月26日　VS. チェコ　○3－0　@オランダ
9月28日　VS. 中国　●0－3　@オランダ
9月30日　VS. ブラジル　○3－1　@オランダ
10月2日　VS. アルゼンチン　○3－0　@オランダ
第2次ラウンド　E組
10月4日　VS. ベルギー　○3－1　@オランダ
10月5日　VS. イタリア　●1－3　@オランダ
10月7日　VS. プエルトリコ　○3－0　@オランダ
10月9日　VS. オランダ　○3－0　@オランダ
第3次ラウンド　準々決勝
10月11日　VS. ブラジル　●2－3　@オランダ

構　成　　柳橋　閑
装　丁　　番　洋樹
帯写真　　榎本麻美
扉写真　　末永裕樹
協　力　　公益財団法人 日本バレーボール協会

眞鍋政義（まなべ・まさよし）
1963年8月21日、兵庫県生まれ。大阪商業大4年で1985年神戸ユニバーシアードに優勝、日本代表に初選出される。1988年ソウル五輪出場。イタリア・セリエAでプロ選手としてもプレーした。2005年現役引退後、Vリーグ女子・久光製薬スプリングスの監督に就任。2009年から女子日本代表監督として、2010年世界選手権、2012年ロンドン五輪で銅メダルを獲得する。2021年東京五輪終了後、再び女子日本代表監督に就任。2024年パリ五輪に挑む。

眞鍋《まなべ》の兵法《へいほう》 日本女子《にほんじょし》バレーは復活《ふっかつ》する

2024年5月1日　第1刷発行

著　者　眞鍋政義《まなべまさよし》
発行者　松井一晃
発行所　株式会社　文藝春秋
〒102-8008 東京都千代田区紀尾井町3-23
電話　03(3265)1211
印刷製本　大日本印刷
組　版　エヴリ・シンク

ISBN978-4-16-391838-9